PRAXIS-Schriftenreihe · Abteilung Physik · Band 41
Herausgeber: Studiendirektor Dietrich Schledermann, Wolfenbüttel

Programmierbare Rechner im Physikunterricht

Von
MAX-ULRICH FARBER
Studiendirektor
Oberndorf am Neckar

AULIS VERLAG DEUBNER & CO KG
Köln

CIP-Kurztitelaufnahme der Deutschen Bibliothek

Farber, Max-Ulrich:
Programmierbare Rechner im Physikunterricht / von Max-Ulrich Farber.
— Köln: Aulis-Verlag Deubner, 1982.
(Praxis-Schriftenreihe: Abt. Physik; Bd. 41)
ISBN 3-7614-0666-5

NE: Praxis-Schriftenreihe / Abteilung Physik

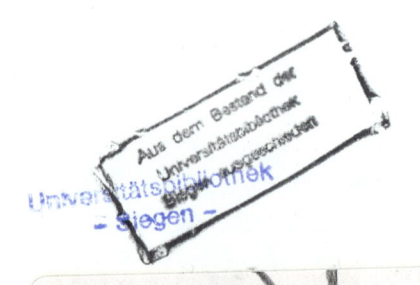

Best.-Nr. 1041
Alle Rechte bei AULIS VERLAG DEUBNER & CO KG, Köln, 1982
Druck und Einband: KAHM GmbH, Frankenberg (Eder)
ISBN 3-7614-0666-5

Inhaltsverzeichnis

Vorwort 7

1	Arten programmierbarer Rechner	9
1.1	Kriterien für die Eignung im Physikunterricht	9
1.2	Klassische Tischrechner	10
1.3	Programmierbare Taschenrechner	12
1.4	Kleincomputer	13
1.5	Computer-Terminal	15
2	Rechner in der Versuchsauswertung	16
2.1	Vorbemerkung	16
2.2	Aufbau der Programme für Taschenrechner	17
2.3	Statistik in der Versuchsauswertung	23
2.4	Approximation, lineare Regression	31
2.5	Schwierig auszuwertende Schulversuche	37
3	Allgemeine Rechenbeispiele	41
3.1	Programmiertechnik und Programmiersprache	41
3.2	Extremwertprobleme	42
3.3	Numerische Integration	48
3.4	Raketenbewegung	49
3.5	Beugung am Spalt	56
4	Numerische Lösung von Differentialgleichungen	63
4.1	Vorbemerkung	63
4.2	Differentialgleichungen erster Ordnung der Form $\dot{x} = f(x,t)$	63
4.3	Differentialgleichungen zweiter Ordnung der Form $\ddot{x} = f(x,t)$	68
4.4	Differentialgleichungen zweiter Ordnung der Form $\ddot{x} = f(\dot{x},x,t)$	75

5	Grafische Darstellung von Rechenergebnissen............	78
5.1	Grafische Darstellung auf dem Bildschirm..............	78
5.2	Grafische Darstellung mit dem Drucker.................	82
6	Spiele mit physikalischem Hintergrund.................	88
6.1	Vorbemerkung..	88
6.2	Versuch einer "weichen Mondlandung"...................	88
6.3	Bordcomputer für die "Mondlandung"....................	95
7	Schlußbemerkung.......................................	99
Literatur..		100
Stichwortverzeichnis...		101

Vorwort

An fast allen Gymnasien stehen heute programmierbare Rechner für Unterrichtszwecke zur Verfügung. Wie zahlreiche Arbeiten in Fachzeitschriften und Fachbüchern zeigen, werden diese Rechner keineswegs nur im Mathematik- und Informatik-Unterricht eingesetzt. Auch in den Naturwissenschaften gewinnen sie laufend an Bedeutung, wobei der Physik wegen ihres höchsten Mathematisierungsgrades die erste Stelle zukommt.
Bei den in Fachzeitschriften veröffentlichten Arbeiten handelt es sich meist um besonders interessante und damit auch anspruchsvolle Probleme, die für einen ersten Zugang zur Anwendung programmierbarer Rechner im Physikunterricht zu schwierig sind. Deshalb kommt in diesem Band gerade auch alltäglichen, einfachen Problemen ein breiter Raum zu. Auch zur Erläuterung schwierigerer Rechenverfahren, wie z.B. numerischer Integrationsverfahren oder Lösungsverfahren für Differentialgleichungen, werden durchweg Beispiele verwendet, die dem klassischen Unterrichtsstoff der gymnasialen Oberstufe entstammen. Eine Anwendung der gleichen Verfahren auf anspruchsvollere Probleme aus der Quantenphysik, der Atomphysik und der Relativitätstheorie bereitet keine grundsätzlichen, neuen Schwierigkeiten. Eine große Zahl weiterer, über den Rahmen dieses Bandes hinausreichender, interessanter Anwendungsbeispiele findet sich in dem im gleichen Verlag erschienen Band der Schriftenreihe Informatik "Rechenprogramme für den Physikunterricht" von R. Kunze [13]. Wird speziell für den Physikunterricht ein programmierbarer Rechner angeschafft, so ist nach Ansicht des Verfassers ein programmierbarer Taschenrechner in Verbindung mit einem Drucker ausreichend. An vielen Schulen sind noch ältere Tischrechner vorhanden, die nicht in einer bestimmten Programmiersprache (z.B. BASIC, PASCAL), sondern ähnlich einem Taschenrechner durch Betätigen von Operationstasten programmiert werden. Für einen zeitgemäßen In-

formatikunterricht sind solche Maschinen nicht mehr geeignet; für
den Einsatz im Physikunterricht kommen sie dagegen nach wie vor
in Frage. Deshalb wurden die einfachen Programmbeispiele für die
weit verbreiteten Taschenrechner TI-59 und TI-58 in Verbindung
mit dem Drucker PC-100 (Texas Instruments) ausgelegt; für andere
Taschen- und Tischrechner sind bei Beibehaltung der Programmstruktur gewisse formale, vom Typ der Maschine abhängige Änderungen
notwendig. Die schwierigeren Programme wurden zunächst in der Programmiersprache BASIC konzipiert, dann aber außerdem auch noch in
eine für Taschenrechner und ältere Tischrechner geeignete Form
umgesetzt.

Trotz der Beschränkung auf elementare Beispiele kann in diesem
Band eine Einführung in die Programmiersprache BASIC und in das
Programmieren von Taschenrechnern nicht gegeben werden. Hierzu
sei auf die im gleichen Verlag erschienen Bände der Schriftenreihe
Informatik "BASIC für Schulen" von *H.A. Brauner* und *G.-J. Hitz*
und "Der Taschenrechner in Unterricht und Praxis" von *M.-U. Farber*
verwiesen.

Oberndorf, 1982   *M.-U. Farber*

1 Arten programmierbarer Rechner

1.1 Kriterien für die Eignung im Physikunterricht

Für die Eignung eines programmierbaren Rechners stehen im Physikunterricht ganz andere Kriterien im Vordergrund als im Informatikunterricht. Während in der Informatik das Programmieren des Rechners selbst Unterrichtsgegenstand ist, kommt dem Rechner im Physikunterricht stets nur eine Hilfsfunktion bei der Lösung physikalischer Probleme zu. Weil Schüler das Programmieren dann am besten lernen, wenn sie die Möglichkeit haben, viel Zeit im Dialog mit dem Rechner zu verbringen, sind für die Informatik die Möglichkeiten der direkten Kommunikation zwischen Schüler und Maschine entscheidend. Hierzu gehören vor allem die Wahl einer geeigneten Programmiersprache und eine gute Sichtanzeige.

Im Physikunterricht gilt das Interesse meist mehr dem Ergebnis einer Rechnung als dem Erstellen des Programms oder dem Rechenablauf. Die oft knappe Experimentierzeit soll durch das Bedienen und Beobachten des Rechners möglichst wenig eingeschränkt werden. Aus diesen Überlegungen heraus ergeben sich für die Wahl eines Rechners für den Physikunterricht folgende Kriterien:

a) Der Rechner soll mit möglichst wenig Tastendrucken programmier- und bedienbar sein.

b) Die wichtigsten Rechnerfunktionen sollen auch von Schülern verstanden werden können, die nicht an einem Informatik-Kurs teilnehmen. Eine Ähnlichkeit der Funktionsweise mit gewöhnlichen Taschenrechnern ist hier von Vorteil.

c) Fertige Programme sollten außerhalb des Rechners auf Strichkarten, Magnetkarten oder Magnetband über eine längere Zeit gespeichert werden können. Man muß sie einfach und schnell in den Rechner wieder einlesen können.

d) Längere Berechnungen sollen ohne ständige Beobachtung des Rechners durchgeführt werden können. Eine schriftliche Ausgabe über einen Drucker oder eine elektrische Schreibmaschine ist deshalb wichtiger als eine Sichtanzeige.

e) Die Praxis hat gezeigt, daß ein Programmspeicher einer Kapazität von ca. 200 Programmschritten für fast alle Probleme des Physikunterrichts ausreicht; die Zahl variiert etwas mit dem Organisationssystem der Maschine. Programmverzweigungen durch logische Entscheidungen und echte Unterprogramme sollten möglich sein.

f) Es ist von Vorteil, wenn die Maschine auch ohne Programmierung von Hand bedient als gewöhnlicher wissenschaftlicher Rechner eingesetzt werden kann.

g) Kleine, leicht transportable Maschinen haben den Vorzug, daß sie direkt neben einem Versuch aufgestellt und so während des Experimentierens bedient werden können.

1.2 Klassische Tischrechner

Viele Schulen haben vor einigen Jahren Tischrechner angeschafft, die vorwiegend für den Mathematik- und Informatik-Unterricht bestimmt waren. Bei diesen klassischen Tischrechnern handelt es sich um vollwertige, programmierbare Rechner mit der Möglichkeit logischer Entscheidungen, bei denen jedem Befehl eine Taste oder eine Kombination von zwei Tasten zugeordnet ist. Diese Rechner haben stets zwei Arbeitsweisen, die Modes genannt werden. Im Run-Mode werden die Befehle sofort nach dem Drücken der entsprechenden Tasten ausgeführt; der Rechner kann so auch ohne Programmierung von Hand betätigt werden. Im Learn-Mode hingegen werden die Befehle nicht gleich ausgeführt, sondern in der Reihenfolge der Tastenbetätigungen im Programmspeicher als Zahlen codiert festgehalten. Nach dem Umschalten des Rechners in den Run-Mode kann das ganze im Programmspeicher fixierte Programm zur Ausführung gebracht werden. Die Rechenergebnisse werden entweder über eine Sichtanzeige oder mit einem Drucker auf einen Papierstreifen gedruckt ausgegeben.

Tischrechner der ersten Generation (DIEHL ALGOTRONIC, OLIVETTI P 101, MONROE 1255 u.a.) hatten oft eigenwillige und in ihrer Logik schwer durchschaubare Programmiervorschriften; sie rechneten zudem recht langsam. Ihnen folgten bald leistungsfähige und vor allem schnelle Geräte (HEWLETT-PACKARD HP 9100, WANG 600 u.a.), deren Programmierung wesentlich leichter erlernbar ist. Diese Maschinen bieten zudem die Möglichkeit einer langfristigen Programmspeicherung auf Loch- oder Strichkarten, Magnetbändern (Tonband-Compact-Cassette o.ä.) oder Magnetkarten (Abb. 1).

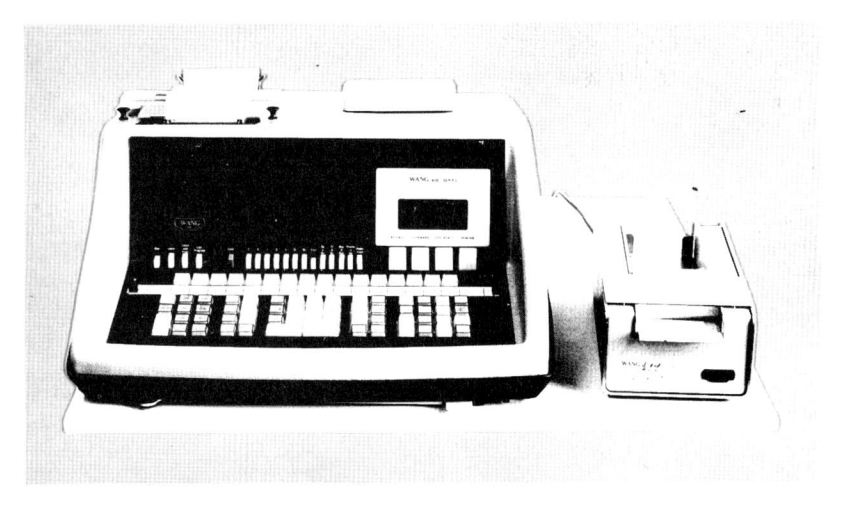

Abb. 1: Tischrechner WANG 600 mit Strichkartenleser

Weil bei Tischrechnern dieser Art den Befehlen einzelne Tasten zugeordnet sind, gibt es für sie keine einheitliche Programmiersprache. Jede Maschine hat ihre eigenen Programmiervorschriften, die stark von der Struktur der Maschine bestimmt sind. Datenverarbeitung im eigenltichen Sinne und vor allem Textverarbeitung sind mit solchen Maschinen praktisch unmöglich. Deshalb entsprechen solche klassische Tischrechner auch nicht mehr den Anforderungen eines modernen Informatik-Unterrichts, wo sie nach und nach durch Kleincomputer mit Bildschirm-Sichtanzeige verdrängt werden.
In rein numerischer Hinsicht sind die klassischen Tischrechner den neueren Kleincomputern mit Bildschirm-Anzeige jedoch mindestens ebenbürtig. Vielfach haben sie sogar eine deutlich größere Rechengenauigkeit und -geschwindigkeit und mehr fest einprogrammierte mathematische und statistische Funktionen. Deshalb sind sie gerade für den Einsatz im Physikunterricht nach wie vor gut geeignet, und es ist sehr sinnvoll, solche Maschinen, wenn sie im Informatikunterricht nicht mehr ausgelastet werden, in den Fachbereich Physik zu übernehmen.

1.3 Programmierbare Taschenrechner

Das Angebort programmierbarer Taschenrechner reicht von sehr einfachen Geräten mit weniger als 100 möglichen Programmschritten (TEXAS INSTRUMENTS TI-57, HEWLETT-PACKARD HP 25, SANYO CZ 901 u.a.) bis zu recht anspruchsvollen Maschinen, die in den Möglichkeiten herkömmlichen Tischrechnern nicht nachstehen (TEXAS INSTRUMENTS TI-58 und TI-59, HEWLETT-PACKARD HP 97, CASIO FX-501 P u.a.). Einige dieser Rechner (TI-59, HP 97, FX-501 P u.a.) bieten die Möglichkeit, Daten und Programme langfristig auf Magnetkarten bzw. Tonband-Kassetten zu speichern. Für die Rechner TI-58 und TI-59 wird ein Thermodrucker angeboten, mit dem die Taschenrechner diebstahlsicher verbunden werden können (Abb. 2). Durch diesen Drucker PC 100 wird insbesondere aus dem Rechner TI-59 ein vollwertiger, sehr handlicher Tischrechner, der sich von wesentlich teureren Anlagen nur durch eine geringere Rechengeschwindigkeit unterscheidet.

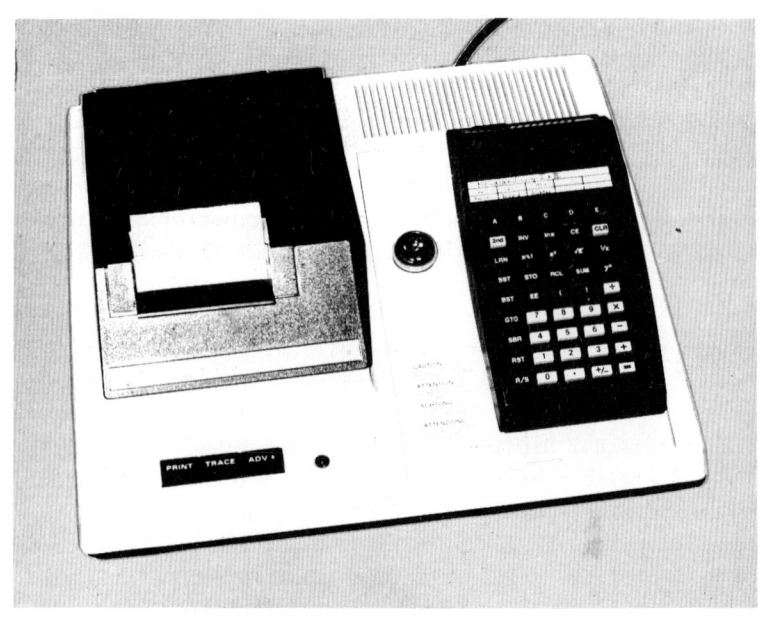

Abb. 2: Taschenrechner TI-59 mit Drucker PC-100

Nur die anspruchsvollen programmierbaren Taschenrechner mit externer Speichermöglichkeit und Anschlußmöglichkeit an einen Drucker erfüllen alle Anforderungen, die im Physikunterricht an einen Rechner gestellt werden. Der Nachteil der geringeren Rechengeschwindigkeit wird durch eine Reihe von Vorteilen ausgeglichen. Die Schüler, die den Umgang mit Taschenrechnern gewohnt sind, finden sich ohne Erlernen einer besonderen Programmiersprache sehr rasch mit der Maschine zurecht. Auch in Verbindung mit dem Drucker bleibt der Rechner so handlich und unauffällig, daß seine Verwendung beim Experimentieren nicht von Wesentlicherem ablenkt. Der Preis eines programmierbaren Taschenrechners mit Magnetkartenleser und Drucker ist zudem wesentlich niedriger als der anderer Maschinen, die vergleichbare Möglichkeiten bieten.

1.4 Kleincomputer

Von einigen Herstellern werden zu einem Preis, der deutlich unter dem herkömmlicher Tischrechner liegt, Kleincomputer mit Bildschirm-Sichtanzeige angeboten. Durch die Mikroprozessor-Technologie haben diese Maschinen eine viel größere Speicherkapazität als herkömmliche Tischrechner. Deshalb ist es möglich, diese Maschinen außer in ihrer eigenen Maschinensprache auch in einer einfachen höheren Programmiersprache zu programmieren. Üblich ist eine in manchen Punkten den Besonderheiten der Maschine leicht angepaßte Version der Programmiersprache "BASIC". Die verbreitetsten Rechner dieser Art sind die Serien PET 2001, 3001 und 4001 von COMMODORE, bei denen sich die einzelnen Typen vor allem in der Speicherkapazität (8 kByte bis 32 kByte) und in der Ausführung der Tastatur unterscheiden. Diese Rechner bieten die Möglichkeit, fertige Programme auf Tonband-Kassetten zu speichern. Drucker, Plotter (Zeichengerät) und Plattenspeicher ("Floppy Disc") werden als Zubehör angeboten (Abb. 3). Für technisch versierte Anwender besteht die Möglichkeit, den Rechner über die genormte IEC-Bus-Schnittstelle mit weiteren Peripheriegeräten oder mit anderen Rechnersystemen zu verbinden.
Obwohl solche in Mikroprozessor-Technologie aufgebaute Kleincomputer bei Programmierung in BASIC die Rechengeschwindigkeit herkömmlicher Tischrechner noch nicht erreicht haben, bieten sie für den Informatik-Unterricht ganz entscheidende Vorteile. Durch

den Bildschirm ist der Dialog des lernenden Schülers mit der Maschine direkter als bei einfachen Sichtanzeigen oder bei der Verwendung eines Druckers. Das Erlernen einer höheren, von der Maschine weitgehend unabhängigen Programmiersprache ist ein wichtiges Ziel des Informatik-Unterrichts. Die große Speicherkapazität gestattet es insbesondere in Verbindung mit dem Plattenspeicher (Floppy Disc), sich auch aufwendigeren organisatorischen und statistischen Problemen zuzuwenden. Die Möglichkeit der Textverarbeitung erschließt für den Informatik-Unterricht auch die nicht mathematischen Bereiche der Datenverarbeitung.

Abb. 3: Kleincomputer CBM 3032 ("PET") mit Magnetbandspeicher und Drucker CBM 4022

Diesen deutlichen Vorteilen der Kleincomputer für den Informatik-Unterricht stehen aber für den Physikunterricht auch Nachteile gegenüber. Ohne Zweifel ist bei größeren Problemen für jeden, der in einer höheren Programmiersprache (im einfachsten Falle BASIC) angenehmer und weniger zeitraubend als das Erstellen eines Programms für einen Tisch- oder Taschenrechner. Weil sich die Bedienung eines Kleincomputers aber ganz wesentlich von der eines Taschen- oder Tischrechners unterscheidet, ist seine Verwendung im Physikunterricht nur dann sinnvoll, wenn die Schüler vorher in einem Informatik-Kurs mit der Maschine vertraut geworden sind.

Aber auch dann erscheint bei vielen kleineren und aus der Sicht
der Informatik ganz einfachen Problemen, wie sie im experimentellen Physikunterricht häufig auftreten, der Einsatz eines Kleincomputers oft aufwendig und letztlich umständlich. Können aber
Grundkenntnisse der Informatik bei den Schülern nicht vorausgesetzt
werden, so ist wegen der vertrauteren Bedienung und nicht zuletzt
auch wegen des geringeren Anschaffungspreise einem anspruchsvollen
programmierbaren Taschenrechner mit dem nötigen Zubehör der Vorzug
zu geben.

1.5 Computer Terminal

Da früher die Anwendung höherer, von der verwendeten Maschine annähernd unabhängiger Programmiersprachen nur bei Großrechenanlagen möglich war, sind manche Schulen über ein Computer-Terminal
(meist Fernschreibmaschine) mit einem Großrechner verbunden. Durch
die Preisentwicklung bei Kleincomputern ist die Zahl solcher hohe
laufende Kosten verursachender Computerterminals in Schulen stark
zurückgegangen. Im Prinzip kann ein solches Computer-Terminal
auch für den Physikunterricht mitbenützt werden; in der Praxis
ergeben sich oft große organisatorische Schwierigkeiten. Weil
praktisch alle im Physikunterricht anfallenden Probleme auch mit
kleineren Maschinen zufriedenstellend bewältigt werden können,
sind die hohen Kosten für ein eigenes Terminal im Physik-Bereich
nicht gerechtfertigt.

2 Rechner in der Versuchsauswertung

2.1 Vorbemerkung

Die Grundlage des Physikunterrichts ist stets das Experiment. Deshalb wäre es ganz falsch, wenn durch den Einsatz programmierbarer Rechner das Experiment zurückgedrängt und so der Unterricht abstrakter und theoretischer werden würde. Ganz im Gegenteil kann der Rechner dazu dienen, die Rechenzeit bei der Versuchsauswertung, während der keine neuen physikalischen Erkenntnisse gewonnen werden, wesentlich zu verringern und so Zeit für weitere Experimente zu gewinnen. Um ein Programm für eine Versuchsauswertung zu erstellen oder auch nur um ein vorhandenes Programm zu verstehen, muß man den Rechenansatz mindestens ebenso klar durchschauen wie beim oft mechanischen Rechnen "von Hand"; die Schulung des physikalischen Denkens dürfte deshalb unter dem Einsatz programmierbarer Rechner keineswegs leiden.

Die folgenden Beispiele für Anwendungen programmierbarer Rechner in der Versuchsauswertung sollen vor allem Anregungen geben. Es ist keineswegs beabsichtigt, dieses weite Anwendungsfeld damit vollständig abzudecken. In den meisten Fällen handelt es sich um recht einfache Probleme, für deren Programmierung sich vor allem Taschenrechner oder auch (ältere) Tischrechner eignen. Bei diesen einfachen Problemen wurde auf eine Programmierung in BASIC verzichtet.

Die Programme sind mit dem Drucker PC-100 aufgelistet. Da diese Auflistung in völlig unstrukturierter Form erfolgt, wurden die Programmlistungen zerschnitten und in Form von strukturierten Tabellen neu zusammengefügt. So ist es leichter, einzelne Programmteile oder wichtige Stellen im Programm zu erkennen.

2.2 Aufbau der Programme für Taschenrechner

Den Programmbeispielen liegt weitgehend ein einheitliches Schema zugrunde. Die für die Rechnung nötigen Zahleneingaben sind am Anfang des Programms zu einem "Programmkopf" (siehe auch [6]) zusammengefaßt. Dabei ist je einem Wert oder auch einer zusammengehörigen Gruppe von Werten ein Adreßlabel (z.B. A...E) zugeordnet. Den Zahlenwert gibt man dann in der Weise ein, daß man zuerst den entsprechenden Zahlenwert eintippt und anschließend die ihm zugeordnete Adreßtaste (z.B. A) drückt. Umfaßt ein Adreßlabel mehrere Zahleneingaben, so ist die entsprechende Adreßtaste nur nach dem Eintippen des ersten Zahlenwertes zu drücken; nach allen weiteren Zahlenwerten derselben Wertegruppe muß die Run-Stop-Taste (R/S) betätigt werden.

Innerhalb einer mit einem einzigen Adreßlabel versehenen Wertegruppe muß bei der Eingabe der einzelnen Zahlenwerte die Reihenfolge eingehalten werden. Es ist auch nicht möglich, nur einen einzigen Zahlenwert aus einer solchen Gruppe allein neu einzugeben, sondern man muß bei Veränderung eines Wertes stets die ganze Gruppe neu eingeben. Dagegen ist die Reihenfolge der Eingabe von Werten mit eigenen Adreßlabels und ganzer Wertegruppen untereinander beliebig; es ist auch möglich, Werte und Wertegruppen, die mit eigenen Labels versehen sind, nachträglich einzeln neu einzugeben, ohne alle anderen Zahleneingaben zu wiederholen.

Ein weiteres, bei der Eingabe der Zahlenwerte im Programmkopf nicht verwendetes Adreßlabel - meist das Label A' - startet den eigentlichen Rechenablauf; hierzu ist die entsprechende Adreßtaste zu drücken. Sind Adreßlabels (A...E) bzw. (A'...E') noch übrig, so werden diese bevorzugt für solche Programmteile verwendet, die auch einmal unabhängig vom übrigen Programm von Hand eingeleitet werden könnten.

Die Rechner TI-59 und TI-58 sowie einige andere, vergleichbare Taschenrechner, bieten die Möglichkeit, neben den Adreßlabels, für die eigene Adreßtasten vorhanden sind, fast alle übrigen Befehlstasten ebenfalls als Labels zu verwenden. Dies geschieht genau wie bei den Adreßlabels, indem man zuerst die (LBL)-Taste und dann die als Label vorgesehene Befehlstaste drückt, z.B. (LBL x^2) oder (LBL log). Die betreffenden Befehle werden dann beim Programmablauf nicht ausgeführt; sie dienen nur der Kennzeichnung von Programmabschnitten.

Als Adressen für Sprünge, Programmverzweigungen (bedinge Sprünge) und Unterprogramme (subroutines) können bei den Rechnern TI-59 und TI-58 sowie bei einigen anderen Rechnern wahlweise entweder Schrittnummern oder Labels dienen. Obwohl die erste Möglichkeit den Programmablauf geringfügig schneller macht, wurde in allen angeführten Beispielen nur die Adressierung über Labels angewandt. Labels gliedern die Programme und machen diese übersichtlicher. Außerdem bleiben sie als Adressen erhalten, wenn man nachträglich Programmschritte einfügt oder löscht, sie machen also das Ändern von Programmen unproblematischer. Schließlich ist das Programmieren mit Labels auch deshalb viel bequemer, weil man beim Programmieren eines Sprungbefehls noch nicht wissen muß, an welcher Stelle der Programmteil stehen wird, zu dem der Sprung erfolgen soll. Sprünge oder Verzweigungen zu Labels programmiert man ganz einfach in der Weise, daß man statt der Schrittnummer, zu der gesprungen werden soll, den als Label verwendeten Befehl einsetzt, z.B. (GOTO x^2), (GE log) oder (sbr CLR). (Werden zur Kennzeichnung von Unterprogrammen Adreßlabels (A...E) bzw. (A'...E') verwendet, so kann der Befehl (sbr) auch weggelassen werden).

Die einzelnen Programmteile sind nach den Regeln der "Allgemeinen Subroutine-Technik" (siehe auch [6] , S. 107 ff) so programmiert, daß man sie - evtl. nach Änderung der Speicherbelegung - jederzeit und an jeder Stelle auch als Unterprogramme in andere Programme übernehmen kann. In einem Unterprogramm sollen unvollendete Rechenoperationen ("pending operations") des Hauptprogramms unberührt bleiben. Man muß deshalb am Ende des Unterprogramms wieder in genau der Hierarchiestufe und Klammerebene algebraischer Operationen angelangt sein, in der man in das Unterprogramm eingestiegen ist. Dies läßt sich dadurch erreichen, daß Zahlenrechnungen im Arbeitsregister grundsätzlich durch Öffnen einer Klammer begonnen und mit dem Schließen einer Klammer beendet werden und daß man stets darauf achtet, daß in jedem Programmteil genau gleich viele Klammern geöffnet und geschlossen werden. Befehle, die das Abarbeiten aller noch unvollendeten Rechenoperationen, also auch derer aus dem Hauptprogramm, veranlassen oder den Rechner in die niederste Hierarchiestufe und Klammerebene zurückversetzen, also (=), (CLR) und (RST), sind in Unterprogrammen nicht zulässig. Am Ende eines Programms oder Programmteils steht statt des Befehls (R/S) der Rücksprungbefehl (RTN), der beim Fehlen einer Rücksprungadresse ebenfalls als Stoppbefehl gelesen wird.

Beispiel 2.1: *Umrechnung eines Gasvolumens*
Das Programm erlaubt es, entweder ein Gasvolumen von den momentanen Bedingungen (z.B. 22°C, 0,96 Bar) auf Normalbedingungen (0°C, 1,0132 Bar) oder ein Gasvolumen von Normalbedingungen auf die momentanen Bedingungen umzurechnen. Zunächst gibt man über die Adreßlabels A und B den momentanen Luftdruck p in Bar und die Temperatur ϑ in ^{o}C ein. Das Adreßlabel C dient zur Eingabe eines Gasvolumens (in einer beliebigen Einheit), das auf Normalbedingungen umgerechnet werden soll. Entsprechend dient das Adreßlabel D zur Eingabe eines Gasvolumens unter Normalbedingungen, das auf die Momentanbedingungen umgerechnet werden soll. Die Berechnung des momentanen Volumens V_m bzw. des Volumens bei Normalbedingungen V_o geschieht nach den Gleichungen:

$$V_m = V_o \cdot \frac{1{,}0132 \text{ Bar} \cdot (\vartheta + 273 ^oC)}{p \cdot 273 ^oC}$$

bzw.
$$V_o = V_m \cdot \frac{p \cdot 273 ^oC}{1{,}0132 \text{ Bar} \cdot (\vartheta + 273 ^oC)}$$

000	76 LBL	016	53 (	032	54)	048	55 ÷
001	11 A	017	99 PRT	033	99 PRT	049	02 2
002	98 ADV	018	55 ÷	034	92 RTN	050	07 7
003	99 PRT	019	18 C'	035	61 GTO	051	03 3
004	42 STO	020	54)	036	14 D	052	65 ×
005	00 00	021	99 PRT			053	01 1
006	92 RTN	022	92 RTN	037	76 LBL	054	93 .
007	76 LBL	023	61 GTO	038	18 C'	055	00 0
008	12 B	024	13 C	039	53 (	056	01 1
009	99 PRT			040	53 (	057	03 3
010	42 STO	025	76 LBL	041	43 RCL	058	02 2
011	01 01	026	14 D	042	01 01	059	55 ÷
012	92 RTN	027	98 ADV	043	85 +	060	43 RCL
		028	53 (	044	02 2	061	00 00
013	76 LBL	029	99 PRT	045	07 7	062	54)
014	13 C	030	65 ×	046	03 3	063	92 RTN
015	98 ADV	031	18 C'	047	54)		

Tabelle 1

Tabelle 1 zeigt das Programm, das wie auch die folgenden Beispiele für die Rechner TI-59 und TI-58 in Verbindung mit dem Drucker PC-100 ausgelegt ist.

Beispiel 2.2: *Wärmekapazität und spezifische Wärmekapazität eines Körpers*

Die Wärmekapazität und die spezifische Wärmekapazität eines festen Körpers bekannter Masse werden durch Eintauchen desselben in eine abgemessene Menge von Wasser anderer Temperatur und durch Temperaturmessung des Wassers nach dem Eintauchen ermittelt. Zur Bestimmung der Wärmekapazität C bzw. der spezifischen Wärmekapazität c dienen die Gleichungen:

$$C = c_w \cdot \frac{m_w (\vartheta - \vartheta_1)}{(\vartheta_2 - \vartheta)} \quad \text{und} \quad c = \frac{C}{c_k} \;;$$

$$c_w = 4{,}187 \cdot 10^3 \; J \; K^{-1} \; kg^{-1}$$

Über die Adreßlabels A...D werden eingegeben: Wassermenge m_w in kg, Anfangstemperatur ϑ_1 des Wassers, Masse m_k des Körpers, Anfangstemperatur ϑ_2 des Körpers (Zimmertemperatur). Über das Adreßlabel E wird die Endtemperatur ϑ eingegeben; direkt anschließend an diese Eingabe ermittelt der Rechner die Wärmekapazität C in JK^{-1} und die spezifische Wärmekapazität c in $JK^{-1} \; kg^{-1}$ des Körpers und druckt beide Werte über den Drucker PC-100 aus. Das Programm zeigt Tabelle 2.

000	76	LBL	016	14	D	031	52	EE	047	04	04
001	11	A	017	42	STO	032	03	3	048	75	-
002	42	STO	018	03	03	033	65	×	049	43	RCL
003	00	00	019	92	RTN	034	43	RCL	050	03	03
004	92	RTN				035	00	00	051	54	)
005	76	LBL	020	76	LBL	036	65	×	052	54	)
006	12	B	021	15	E	037	53	(	053	98	ADV
007	42	STO	022	53	(	038	43	RCL	054	99	PRT
008	01	01	023	53	(	039	01	01	055	55	÷
009	92	RTN	024	42	STO	040	75	-	056	43	RCL
010	76	LBL	025	04	04	041	43	RCL	057	02	02
011	13	C	026	04	4	042	04	04	058	54	)
012	42	STO	027	93	.	043	54	)	059	99	PRT
013	02	02	028	01	1	044	55	÷	060	92	RTN
014	92	RTN	029	08	8	045	53	(			
015	76	LBL	030	07	7	046	43	RCL			

Tabelle 2

Beispiel 2.3: *Energiemessung bei Beta-Strahlen durch Ablenkung im Magnetfeld*

Die Energie von Beta-Strahlen kann dadurch bestimmt werden, daß man ein Magnetfeld bekannter Flußdichte und bekannter geometrischer Abmessungen durchstrahlt und den Ablenkungswinkel mißt. Bei Beta-Strahlen großer Energie (z.B. Sr 90/ Y 90) braucht der Versuch nicht im Vakuum durchgeführt zu werden, da sich bei den kurzen Strecken von nur wenigen Zentimetern der Energieverlust durch die Ionisation der Luft noch vernachlässigen läßt. Allerdings kann bei so großen Beta-Energien die Auswertung des Versuchs nicht durch klassische Rechnung erfolgen.

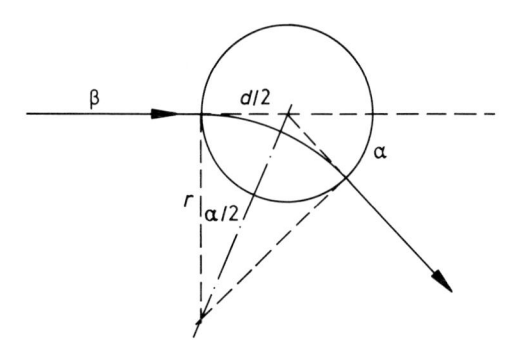

Abb. 4: Ablenkung von Betastrahlen im Magnetfeld

Abb. 4 stellt die Ablenkung eines hochenergetischen Elektrons im Feld eines Elektromagneten mit kreisförmigen Polschuhen (z.B. Leybold Nr. 560 31) dar. Das Magnetfeld zwischen den Polschuhen wird als homogen angenommen, so daß sich als Flugbahn für das Elektron eine Kreisbahn ergibt. Der Radius der Kreisbahn errechnet sich zu

$$r = \frac{d}{2 \tan \frac{\alpha}{2}},$$

wobei d der Polschuhdurchmesser und α der Ablenkungswinkel ist. Die *Lorentz*kraft des Betrags $F_L = e \cdot B \cdot v$ ist die Zentripetalkraft der Kreisbewegung. Damit ergibt sich für den Impuls p der Elektronen die Beziehung:

$$e \cdot B \cdot v = \frac{m \cdot v^2}{r} \quad \text{bzw.} \quad e \cdot B \cdot r = m \cdot v = p.$$

Eine relativistische Rechnung ergibt die kinetische Energie W_{kin} der Elektronen:

$$W_{kin} = W - W_o \quad , \quad \text{also} \quad W_{kin} = W - m_o c^2 \quad .$$

Mit der Gesamtenergie

$$W = \sqrt{W_o^2 + p^2 c^2} = \sqrt{(m_o c^2)^2 + p^2 c^2}$$

erhält man die Gleichung

$$W_{kin} = \sqrt{(m_o c^2)^2 + p^2 c^2} - m_o c^2 \quad \text{mit} \quad m_o c^2 = 8,1876 \cdot 10^{-14} J \quad ,$$

die sich zur Programmierung auf dem Rechner eignet.
Tabelle 3 zeigt ein Programm. Über die Adreßlabels A, B und C werden der Pohlschuh-Durchmesser d in m, der Ablenkwinkel α in Grad und die magnetische Flußdichte B (die z.B. mit einer *Hall*-Sonde bestimmt werden kann) in Tesla eingegeben. Mit dem Adreßlabel A' wird die Rechnung begonnen; der Ausdruck erfolgt in der

000	76	LBL	025	53	(	050	02	2	075	06	6
001	11	A	026	43	RCL	051	02	2	076	52	EE
002	42	STO	027	01	01	052	52	EE	077	01	1
003	01	01	028	55	÷	053	01	1	078	04	4
004	92	RTN	029	02	2	054	09	9	079	94	+/-
005	76	LBL	030	55	÷	055	94	+/-	080	42	STO
006	12	B	031	53	(	056	42	STO	081	05	05
007	42	STO	032	43	RCL	057	04	04	082	33	X²
008	02	02	033	02	02	058	54	)	083	54	)
009	92	RTN	034	55	÷	059	99	PRT	084	53	(
010	76	LBL	035	02	2				085	34	√X
011	13	C	036	54	)	060	53	(	086	75	-
012	42	STO	037	30	TAN	061	53	(	087	43	RCL
013	03	03	038	54	)	062	98	ADV	088	05	05
014	92	RTN	039	99	PRT	063	65	×	089	54	)
						064	03	3	090	53	(
015	76	LBL	040	53	(	065	52	EE	091	99	PRT
016	16	A'	041	98	ADV	066	08	8	092	55	÷
017	98	ADV	042	65	×	067	54	)	093	43	RCL
018	43	RCL	043	43	RCL	068	33	X²	094	04	04
019	02	02	044	03	03	069	85	+	095	54	)
020	99	PRT	045	65	×	070	08	8	096	99	PRT
021	43	RCL	046	01	1	071	93	.	097	98	ADV
022	03	03	047	93	.	072	01	1	098	92	RTN
023	99	PRT	048	06	6	073	08	8			
024	53	(	049	00	0	074	07	7			

Tabelle 3

Reihenfolge Ablenkungswinkel α in Grad, Flußdichte B in T,
Bahnradius r in m, Impuls p in kg m s^{-1}, kinetische Energie W_{kin}
in J, kinetische Energie in W_{kin} in eV.
Bei der Bestimmung der Energieverteilung eines Beta-Strahlers
nimmt man eine Meßreihe auf, bei der entweder die magnetische
Flußdichte oder der Ablenkungswinkel, bei dem die Zählrate bestimmt wird, variiert werden und so die Zählrate in Abhängigkeit
von der kinetischen Energie bestimmt wird. Es ist auch möglich,
beide Größen zu verändern und so die Zahl der Meßwerte zu erhöhen. Durch den Wegfall langwieriger Rechnungen kann dieser Versuch einschließlich Auswertung in einer Unterrichtsstunde oder
als Praktikumsversuch durchgeführt werden.

2.3 Statistik der Versuchsauswertung

Zur Verbesserung der Zuverlässigkeit wird oft dieselbe Messung
mehrmals durchgeführt und dann der Mittelwert der Ergebnisse der
Einzelmessungen ausgewertet. Das Versuchsergebnis ist mit einem
statistischen Fehler behaftet, der umso kleiner ist, je größer
die Anzahl der Einzelmessungen ist und je weniger diese um den
Mittelwert schwanken.
Legt man für die Meßwerte eine *Gauß*-Verteilung zugrunde, so wird
die mittlere Schwankung der Einzelmessungen x_i um den Mittelwert
$\bar{x}$ durch die Quadratwurzel der Varianz, die Standardabweichung

$$\sigma = \sqrt{\frac{x_i^2}{N} - \bar{x}^2}$$

ausgedrückt.
(Dieser Gleichung liegt die N-Gewichtung zugrunde, die gegenüber
der exakteren (N-1)-Gewichtung den Vorteil hat, daß sie sich formal auch bei einer einzelnen Messung verwenden läßt, ohne daß
eine Division durch 0 auftritt.) Bei einer längeren Meßreihe ist
zu erwarten, daß ca. 68 % der Meßwerte im Intervall $\bar{x} \pm \sigma$ und 95 %
der Meßwerte im Intervall $\bar{x} \pm 2\sigma$ liegen.
Geht man nach N Messungen davon aus, daß der (N+1)-te Meßwert
wahrscheinlich um die Standardabweichung σ vom bisherigen Mittelwert $\bar{x}$ abweicht, so ergibt sich für den neuen Mittelwert eine Abweichung von $\Delta\bar{x} = \frac{\sigma}{N+1} \approx \frac{\sigma}{N}$ vom bisherigen Mittelwert. Der Betrag
$\Delta\bar{x} \approx \frac{\sigma}{N}$ kann als wahrscheinliche Abweichung des gebildeten Mittelwertes vom "echten" Wert, also als statistischer Fehler der

Gesamtmessung angesehen werden. Da sich bei einer Erhöhung der Anzahl der Einzelmessungen zwar der statistische Fehler der Gesamtmessung, nicht jedoch die systematischen Fehler wie z.B. Abweichungen in der Anzeige von Meßgeräten verringern läßt, ist es sinnvoll, eine Reihe gleicher Einzelmessungen nur so lange fortzusetzen, bis der statistische Fehler $\Delta\bar{x}$ ungefähr die Anzeigegenauigkeit der verwendeten Meßgeräte erreicht hat.

Bei neueren programmierbaren Rechnern sind gewöhnlich die statistischen Grundfunktionen bereits fest einprogrammiert. Sie können dann während der Versuchsauswertung von Hand durchgeführt werden. Daß sich statistische Funktionen auch sinnvoll in ein Programm zur Versuchsauswertung einfügen lassen, zeigt das folgende Beispiel. Hier wird die Erdbeschleunigung g dadurch bestimmt, daß man bei verschiedenen Fallhöhen die Fallzeit mißt und dabei jede Einzelmessung so oft wiederholt, bis der statistische Fehler ungefähr die Ablesegenauigkeit bei der Längen- und Zeitmessung erreicht hat.

Beispiel 2.4: *Bestimmung der Erdbeschleunigung durch Fallversuche*
Über das Adreßlabel A erfolgt die Eingabe der jeweiligen Fallstrecke. Die Befehlsfolge (PGM 1 SBR CLR) bewirkt die Löschung der in den Datenspeichern (00) bis (06) und der im Austauschregister (t) gespeicherten, bisherigen statistischen Daten. Über das Adreßlabel B werden nun nacheinander die einzelnen Meßwerte für die zur Strecke s gehörende Fallzeit t eingegebenen und über den Befehl ($\Sigma+$) den statistischen Berechnungen zugeführt. Zur laufenden Kontrolle der Genauigkeit der Gesamtmessung wird nach jeder neuen Eingabe eines Meßwertes t_i über die Befehlsfolge (OP 11 $\sqrt{x}$) die Standardabweichung σ und der statistische Fehler der Gesamtmessung berechnet und über die Sichtanzeige ausgegeben. Sobald der angezeigte Wert klein genug ist, kann man die Meßreihe abbrechen. Über das Adreßlabel C erfolgt dann die Auswertung der Messungen. Der Rechner liefert über den Drucker PC-100 nacheinander den Mittelwert der bisherigen Zeitmessungen, den Mittelwert der daraus berechneten Werte für die Fallbeschleunigung g und den wahrscheinlichen statistischen Fehler des errechneten Wertes der Fallbeschleunigung g.

Die ersten drei Spalten von Tabelle 4 zeigen das Programm für die Rechner TI-59 und TI-58. In der dritten Spalte ist der Ausdruck während eines Programmablaufs wiedergegeben. In der Formatierung von drei Nachkommastellen sind ausgedruckt die Fallhöhe, die einzelnen Meßwerte für die Fallzeit, der Mittelwert für die Fallzeit und der ermittelte Wert für die Fallbeschleunigung sowie zum Schluß der wahrscheinliche statistische Fehler der Fallbeschleunigung.

000	76 LBL	020	02	2	040	13	C	1.000
001	11 A	021	55	÷	041	79	x̄	
002	98 ADV	022	43	RCL	042	32	X:T	0.450
003	99 PRT	023	07	07	043	98	ADV	0.460
004	98 ADV	024	54	)	044	99	PRT	0.452
005	42 STO	025	35	1/X	045	32	X:T	0.446
006	07 07	026	78	Σ+	046	99	PRT	0.480
007	36 PGM	027	53	(	047	53	(	0.440
008	01 01	028	69	OP	048	69	OP	0.458
009	71 SBR	029	11	11	049	11	11	0.442
010	25 CLR	030	32	X:T	050	55	÷	0.446
011	92 RTN	031	34	ΓX	051	43	RCL	0.440
		032	55	÷	052	03	03	0.453
012	76 LBL	033	43	RCL	053	54	)	0.450
013	12 B	034	03	03	054	98	ADV	
014	53 (	035	54	)	055	99	PRT	
015	99 PRT	036	92	RTN	056	98	ADV	0.451
016	45 Y^x	037	61	GTO	057	92	RTN	9.830
017	32 X:T	038	12	B	058	61	GTO	
018	02 2				059	11	A	
019	55 ÷	039	76	LBL				0.016

Tabelle 4

Beispiel 2.5: *Bestimmung der Gravitationskonstanten mit der Drehwaage nach Cavendish*
Abb. 5 zeigt schematisch eine Drehwaage zur Bestimmung der Gravitationskonstanten. Die Durchführung des Meßversuchs ist in Physik-Lehrbüchern für die gymnasiale Oberstufe beschrieben.
Zunächst werden in der in Abb. 6a dargestellten Stellung die Drehmomente der Gravitationskräfte und der Rückstellkraft der Aufhängung zum Gleichgewicht gebracht. Dann bringt man die beiden großen Bleikugeln in die der Abb. 6b entsprechende Stellung. Nun addieren sich die Beträge beider Drehmomente und erteilen den kleinen Bleikugeln eine Beschleunigung, die aus der Bewegung eines Lichtzeigers ermittelt werden kann. Aus dem Wert dieser Beschleunigung wird die Gravitationskonstante f errechnet.

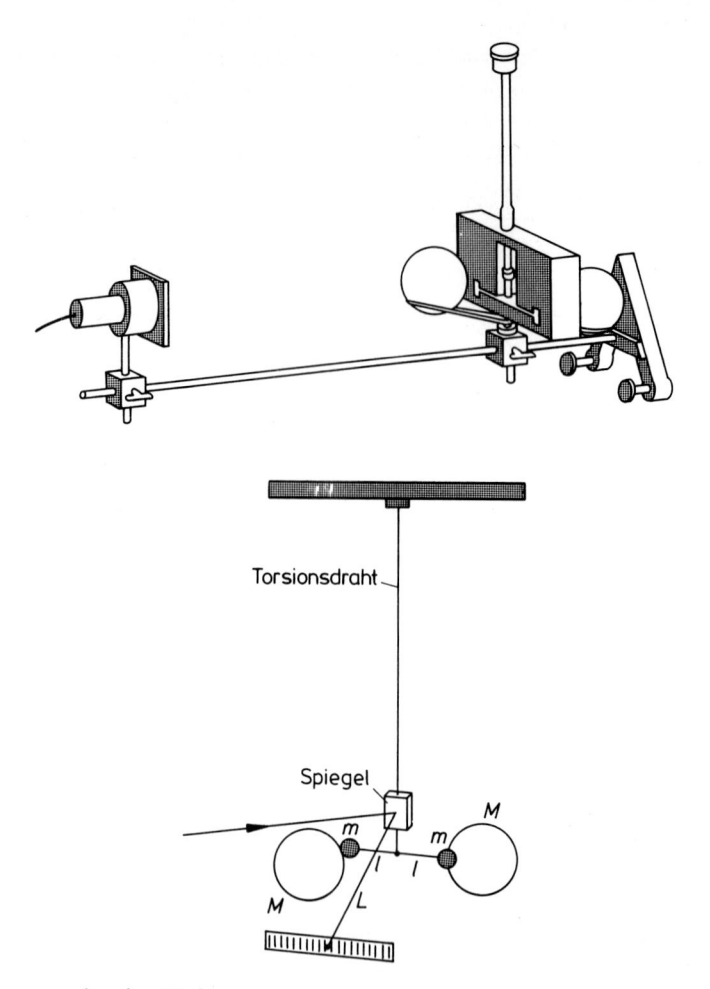

Abb. 5: Gravitationsdrehwaage
   a) Aufbau   b) schematische Darstellung

Bewegen sich die kleinen Kugeln jeweils um die Strecke s, so bewegt sich der Lichtfleck auf der Skala um die Strecke $s' = \frac{2\,L}{l} \cdot s$. Die Beschleunigung a, die jede der kleinen Kugeln erfährt, erhält man deshalb aus der Beschleunigung a' des Lichtzeigers nach der Beziehung:

$$a = a' \cdot \frac{l}{2\,L} \quad.$$

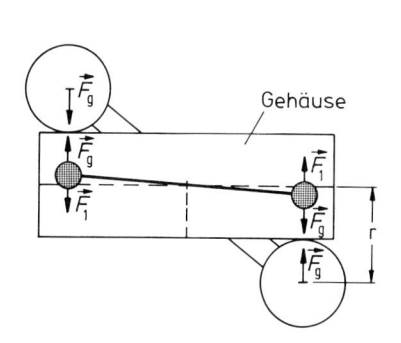

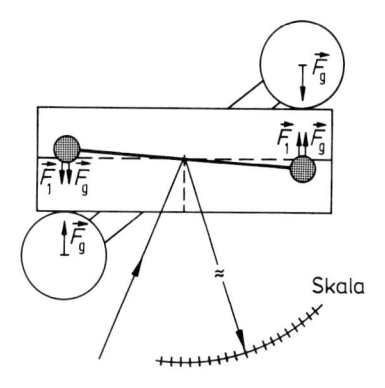

Abb. 6: Kräfte bei der Gravitationsdrehwaage

Ist t die seit Bewegungsbeginn verstrichene Zeit und s' der dabei zurückgelegte Weg des Lichtflecks, so gilt

$$a = \frac{2s'}{t^2} \cdot \frac{l}{2L} = \frac{s' \cdot l}{t^2 \cdot L} \quad .$$

Diese Beschleunigung wird durch Zusammenwirken der Gravitationskraft F_g und der gleich großen Torsionskraft hervorgerufen. Ist M die Masse einer großen und m die Masse einer der kleinen Bleikugeln, so gilt:

$$\frac{2 F_g}{m} = \frac{2 f \cdot M}{r^2} = \frac{s' \cdot l}{t^2 \cdot L}$$

$$f = \frac{s' \cdot l \cdot r^2}{t^2 \cdot 2 \cdot M \cdot L} \quad .$$

Bei dem in Tab. 5 dargestellten Programm ist bereits eine statistische Versuchsauswertung mit einprogrammiert. Zuerst gibt man über das Adreßlabel A die Festwerte in folgender Reihenfolge ein: l in m, r in m, M in kg, L in m. Die Eingabe der ersten Meßwerte der Meßreihe für t in s und s' in m geschieht über das Adreßlabel B; danach werden die weiteren Meßwerte für t und s' über das Adreßlabel C oder einfach mit der R/S-Taste eingegeben. Durch Betätigen der Taste D erhält man den aus den bisher eingegebenen Meßwerten errechneten Mittelwert für die Gravitationskonstante f in m^3 kg^{-1} s^{-2} und deren statistischen Fehler. Eine neue Meßreihe wird dadurch begonnen, daß die Meßwerte für t und s' wieder über das Adreßlabel B eingegeben werden.

000	76	LBL	020	12	B	040	43	RCL
001	11	A	021	98	ADV	041	11	11
002	98	ADV	022	42	STO	042	65	×
003	99	PRT	023	15	15	043	43	RCL
004	42	STO	024	36	PGM	044	12	12
005	11	11	025	01	01	045	33	X²
006	91	R/S	026	71	SBR	046	55	÷
007	99	PRT	027	25	CLR	047	02	2
008	42	STO	028	43	RCL	048	55	÷
009	12	12	029	15	15	049	43	RCL
010	91	R/S				050	13	13
011	99	PRT	030	76	LBL	051	55	÷
012	42	STO	031	13	C	052	43	RCL
013	13	13	032	98	ADV	053	14	14
014	91	R/S	033	99	PRT	054	54	)
015	99	PRT	034	33	X²	055	99	PRT
016	42	STO	035	35	1/X	056	78	Σ+
017	14	14	036	65	×	057	92	RTN
018	92	RTN	037	91	R/S	058	61	GTO
			038	99	PRT	059	13	C
019	76	LBL	039	65	×			

060	76	LBL
061	14	D
062	98	ADV
063	79	x̄
064	99	PRT
065	53	(
066	69	OP
067	11	11
068	34	√x
069	55	÷
070	43	RCL
071	03	03
072	54	)
073	99	PRT
074	98	ADV
075	92	RTN
076	61	GTO
077	13	C

Tabelle 5

Beispiel 2.6: *Verbesserung der Genauigkeit beim Drehwaagenversuch*
Eine grundsätzliche Ungenauigkeit bei der beschriebenen Methode zur Ermittlung der Gravitationskonstanten f besteht darin, daß jede der beiden kleinen Bleikugeln der Anziehung beider großer Bleikugeln unterworfen ist, daß aber in der Rechnung jeweils nur

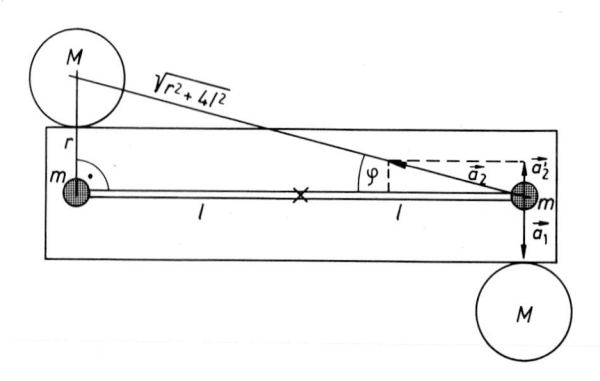

Abb. 7: Berücksichtigung beider großer Bleikugeln

die nähere der beiden Kugeln berücksichtigt wurde. Abb. 7 zeigt, wie die Beschleunigung, die jede der kleinen Kugeln erfährt, unter Berücksichtigung der Anziehung beider großer Kugeln bestimmt werden kann.

Bezeichnet man die Beträge der von der näheren und der entfernteren großen Kugel an einer kleinen Kugel hervorgerufenen Beschleunigung mit a_1 und a_2, so gilt nach Abb. 7:

$$a = a_1 - a_2 \cdot \sin \varphi$$

$$= \frac{2fM}{r^2} - \frac{2fM}{r^2 + 4l^2} \cdot \sin \varphi$$

$$= 2fM \left(\frac{1}{r^2} - \frac{1}{r^2 + 4l^2} \cdot \sin \varphi \right).$$

Mit $\sin \varphi = \frac{r}{\sqrt{r^2 + 4l^2}}$ ergibt sich:

$$a = 2fM \left(\frac{1}{r^2} - \frac{r}{(r^2 + 4l^2)^{1,5}} \right).$$

Setzt man wieder $a = \frac{s' \cdot l}{t^2 \cdot L}$, so erhält man für f:

$$f = \frac{s' \cdot l}{t^2 \cdot 2ML} : \left(\frac{1}{r^2} - \frac{r}{(r^2 + 4l^2)^{1,5}} \right).$$

Ohne programmierbaren Rechner wäre die Auswertung einer Meßreihe mit dieser Gleichung schon recht umständlich. Tab. 6 zeigt das im Übrigen der Tab. 5 entsprechende Programm für diese Gleichung.

Um zu untersuchen, welchen Einfluß die Berücksichtigung der Anziehung der zweiten Kugel bei einer konkreten Messung auf das Meßergebnis hat, sind in Tab. 7 die Auswertungen derselben Meßreihe mit den Programmen nach Tab. 5 und Tab. 6 nebeneinander dargestellt. Die erste Spalte enthält die in beiden Fällen gleichen Festwerte für l, r, M und L. In den beiden folgenden Spalten wird jeweils für 4 Wertepaare für t und s' der jeweilige Wert für die Gravitationskonstante und anschließend der Mittelwert und der statistische Fehler berechnet.

000	76 LBL	025	01 01	050	55 ÷	076	78 Σ+
001	11 A	026	71 SBR	051	53 (	077	92 RTN
002	98 ADV	027	25 CLR	052	43 RCL	078	61 GTO
003	99 PRT	028	43 RCL	053	12 12	079	13 C
004	42 STO	029	15 15	054	33 X²		
005	11 11			055	35 1/X	080	76 LBL
006	91 R/S	030	76 LBL	056	75 -	081	14 D
007	99 PRT	031	13 C	057	43 RCL	082	98 ADV
008	42 STO	032	98 ADV	058	12 12	083	79 x̄
009	12 12	033	99 PRT	059	55 ÷	084	99 PRT
010	91 R/S	034	33 X²	060	53 (	085	53 (
011	99 PRT	035	35 1/X	061	33 X²	086	69 OP
012	42 STO	036	65 ×	062	85 +	087	11 11
013	13 13	037	91 R/S	063	04 4	088	34 √X
014	91 R/S	038	99 PRT	064	65 ×	089	55 ÷
015	99 PRT	039	65 ×	065	43 RCL	090	43 RCL
016	42 STO	040	43 RCL	066	11 11	091	03 03
017	14 14	041	11 11	067	33 X²	092	54)
018	92 RTN	042	55 ÷	068	54)	093	99 PRT
		043	02 2	069	45 Y^X	094	98 ADV
019	76 LBL	044	55 ÷	070	01 1	095	92 RTN
020	12 B	045	43 RCL	071	93 .	096	61 GTO
021	98 ADV	046	13 13	072	05 5	097	13 C
022	42 STO	047	55 ÷	073	54)		
023	15 15	048	43 RCL	074	54)		
024	36 PGM	049	14 14	075	99 PRT		

Tabelle 6

5.0000-02	2.0000 01	2.0000 01
4.6000-02	6.0000-03	6.0000-03
1.4930 00	6.7618-11	7.2942-11
7.8600 00		
	3.0000 01	3.0000 01
	9.0000-03	9.0000-03
	4.5079-11	4.8628-11
	4.0000 01	4.0000 01
	2.2000-02	2.2000-02
	6.1983-11	6.6864-11
	5.0000 01	5.0000 01
	3.5000-02	3.5000-02
	6.3110-11	6.8079-11
	5.9448-11	6.4128-11
	2.1399-12	2.3084-12

Tabelle 7

Der Literaturwert für die Gravitationskonstante ist $f = 6,670 \cdot 10^{-11}$ m^3 kg^{-1} s^{-2}. Der Mittelwert im ersten Falle ist deutlich zu klein; auch im zweiten Falle ergibt sich noch ein etwas zu kleiner Mittelwert. Bei Berücksichtigung des statistischen Fehlers erweist sich jedoch die Abweichung vom Literaturwert als nicht signifikant.

2.4 Approximation, lineare Regression

Häufig tritt das Problem auf, aus einer Serie von Meßwertpaaren eine Zuordnungsfunktion zu bestimmen. Da alle Meßwerte mit einem Fehler behaftet sind, ist es nicht sinnvoll, zu verlangen, daß die gemessenen Wertepaare die Zuordnungsvorschrift exakt erfüllen. Deshalb kann eine sinnvolle Zuordnungsvorschrift nicht durch Interpolation, sondern nur durch Approximation gewonnen werden. Ohne Rechner mußten bisher solche Approximationen meist grafisch vorgenommen werden. Bei einer größeren Streuung der Meßwerte war eine ziemliche Willkür in der Wahl der Approximationsfunktion die Folge.

Die allgemeine mathematische Behandlung von Approximationsproblemen ist auch bei Verwendung eines Rechners für die Schule zu schwierig. In den meisten Fällen läßt sich das Problem jedoch auf eine lineare Approximation zurückführen. Auch bei der grafischen Approximation macht man hiervon Gebrauch, z.B. bei der Verwendung von einfach und doppelt logarithmisch gerastertem Papier. Rechnerisch reduziert sich die Approximation dann auf eine lineare Regression. Bei diesem Verfahren wird eine lineare Zuordnungsfunktion ("Regressionsgerade") so bestimmt, daß die Summe der Quadrate der Abweichungen der einzelnen Meßwerte von den errechneten Funktionswerten minimal wird (Methode der kleinsten Fehlerquadrate).

Werden die eingegebenen Meßwertpaare mit x_i und y_i ($i = 1...N$) bezeichnet, so erhält man die Steigung m der Regressionsgeraden nach der Gleichung:

$$m = \left(\Sigma x_i y_i - \frac{\Sigma x_i \, \Sigma y_i}{N} \right) : \left(\Sigma x_i^2 - \frac{(\Sigma x_i)^2}{N} \right)$$

Der y-Achsenabschnitt der Regressionsgeraden ergibt sich zu

$$b = \frac{\Sigma y_i - m \, \Sigma x_i}{N}$$

Die Güte der Approximation mißt man am Korrelationskoeffizienten R

$$R = \frac{m\ \sigma_x}{\sigma_y} \quad .$$

Mit den Werten m und b der Regressionsgeraden können weitere Datenpunkte vorhergesagt werden. Zu einem eingegebenen Wert x erhält man den y-Wert $y = m x + b$; entsprechend läßt sich für einen vorgegebenen y-Wert der x-Wert berechnen zu $x = \frac{y - b}{m}$.
Bei manchen Rechnern (z.B. TI-58 und TI-59) ist die lineare Regression bereits fest einprogrammiert. Dies erweist sich in der Praxis als großer Vorteil, weil sich dann auch für häufig vorkommende Approximationsprobleme kurze und überschaubare Programme ergeben.

Beispiel 2.7: *Bestimmung des Planckschen Wirkungsquantums h mit der Fotozelle*
Bei Licht verschiedener Wellenlängen wird die Gegenspannung gemessen, gegen die aus einer Fotokatode ausgelöste Elekronen noch anlaufen können. Vermutet wird ein linearer Zusammenhang zwischen der Frequenz $f = \frac{c}{\lambda}$ des Lichtes und der Energie der Fotoelektronen. Wegen der Austrittsarbeit derselben aus dem Katodenmaterial ist jedoch keine einfache Proportionalität zu erwarten.

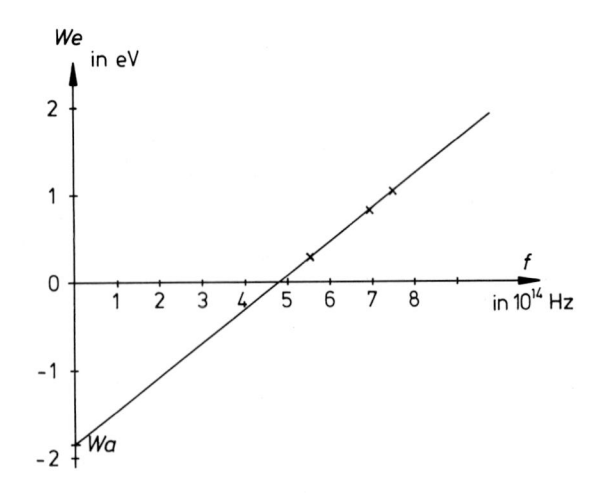

Abb. 8: Kinetische Energie der Fotoelektronen in Abhängigkeit von der Lichtfrequenz

Wie Abb. 8 zeigt, erhält man die Austrittsarbeit W_a in eV und das Plancksche Wirkungsquantum h in eVs als y-Achsenabschnitt und als Steigung der Regressionsgeraden für die Meßwertpaare aus Lichtfrequenz und Anlaufspannung.

Über das Adreßlabel A wird zuerst die jeweilige Lichtwellenlänge λ in nm eingegeben und gleich in die Frequenz umgerechnet. Nach der ersten Eingabe löscht die Befehlsfolge (PGM 1 SBR CLR) die für die statistischen Berechnungen gebrauchten Zahlenregister (00) bis (06) sowie das t-Register. Daß daran anschließend das Programmflag 00 gesetzt wird, bewirkt ein Überspringen dieser Befehlsfolge bei den nachfolgenden Eingaben. Anschließend an die Lichtwellenlänge λ gibt man ohne neues Adreßlabel den dazugehörigen Wert für die Anlaufspannung U in V ein; beide Werte werden nach Betätigen der Taste (R/S) über den Befehl (Σ+) der statistischen Berechnung zugeführt. Nach Beendigung der Eingaben leitet man über das Adreßlabel B die Bestimmung der Regressionsgeraden ein; sie ist im Rechner fest programmiert und geschieht über die Befehlsfolge (OP 12). Über den Drucker PC-100 werden nacheinander die Austrittsarbeit W_a in eV und das Wirkungsquantum h in eVs ausgedruckt.

000	76 LBL	015	76 LBL	031	76 LBL	4.050 02
001	11 A	016	23 LNX	032	12 B	7.407 14
002	53 (	017	03 3	033	69 OP	1.020 00
003	98 ADV	018	52 EE	034	12 12	
004	99 PRT	019	01 1	035	98 ADV	4.360 02
005	55 ÷	020	07 7	036	99 PRT	6.881 14
006	87 IFF	021	54)	037	32 X:T	8.100-01
007	00 00	022	35 1/X	038	99 PRT	
008	23 LNX	023	99 PRT	039	22 INV	5.460 02
		024	32 X:T	040	86 STF	5.495 14
009	36 PGM	025	91 R/S	041	00 00	2.700-01
010	01 01	026	99 PRT	042	92 RTN	
011	71 SBR	027	78 Σ+	043	61 GTO	-1.882 00
012	25 CLR	028	92 RTN	044	11 A	3.916-15
013	86 STF	029	61 GTO			
014	00 00	030	11 A			

Tabelle 8

Die ersten drei Spalten von Tabelle 8 zeigen das Programm für die Rechner TI-59 und TI-58. Der Ausdruck in der vierten Spalte zeigt für vier verschiedene Lichtwellenlängen die Wellenlänge in nm, die Lichtfrequenz in Hz und die Elektronenenergie in eV. Die beiden letzten Werte in der vierten Spalte sind die ermittelte Austrittsarbeit in eV und der errechnete Wert für das Wirkungsquantum h in eVs.

Beispiel 2.8: *Zerfallskonstante und Halbwertszeit eines radioaktiven Strahlers*
Für die bei einem radioaktiven Strahler nach Ablauf der Zeit t gemessene Zählrate $N(t)$ gilt das Zerfallsgesetz:

$$N(t) = N_o \cdot e^{-\lambda t} \qquad (1)$$

Die Größe λ heißt Zerfallskonstante; ihre Dimension ist das Reziproke einer Zeit. Die Halbwertszeit $T_{1/2}$ erhält man aus der Zerfallskonstanten durch die Gleichung

$$T_{1/2} = \frac{\ln 2}{\lambda} \; .$$

Die Approximation der gemessenen Zählraten durch eine Exponentialfunktion läßt sich dadurch auf ein lineares Approximationsproblem zurückführen, daß man beide Seiten der Gleichung (1) logarithmiert. Man erhält dann die Beziehung (Abb. 9a, b)

$$\ln N(t) = \ln N_o - \lambda \cdot t \qquad (2)$$

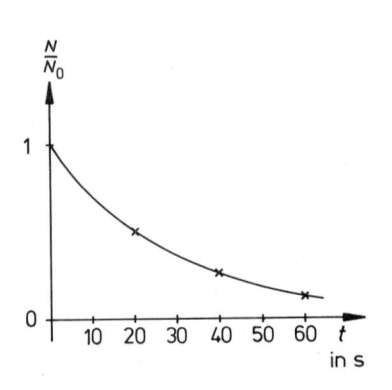

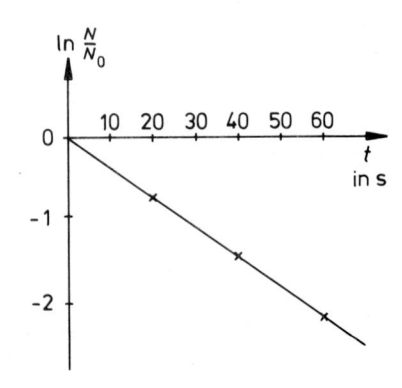

Abb. 9: Zerfallskurve
     a) bei linearem Maßstab   b) in logarithmischer Darstellung

000	76 LBL	015	76 LBL	031	12 12		0.000	
001	11 A	016	23 LNX	032	32 X:T		780.000	
002	53 (	017	00 0	033	94 +/-			
003	98 ADV	018	54)	034	98 ADV			
004	99 PRT	019	32 X:T	035	99 PRT		10.000	
005	85 +	020	91 R/S	036	55 ÷		380.000	
006	87 IFF	021	99 PRT	037	02 2			
007	00 00	022	23 LNX	038	23 LNX		20.000	
008	23 LNX	023	78 Σ+	039	54)		182.000	
		024	92 RTN	040	35 1/X			
009	36 PGM	025	61 GTO	041	99 PRT			
010	01 01	026	11 A	042	22 INV		30.000	
011	71 SBR			043	86 STF		89.000	
012	25 CLR	027	76 LBL	044	00 00			
013	86 STF	028	12 B	045	92 RTN		0.072	
014	00 00	029	53 (	046	61 GTO		9.563	
		030	69 OP	047	11 A			

Tabelle 9

Praktisch geht man nun so vor, daß man statt der Zählrate $N(t)$ deren Logarithmus ln $N(t)$ über den Befehl (Σ+) der statistischen Berechnung zuführt. Das Negative der Steigung m der Regressionsgeraden ist die Zerfallskonstante λ ; aus ihr wird dann die Halbwertszeit des Strahlers berechnet. Anschließend an das Programm für die Rechner TI-59 und TI-58 zeigt die Tabelle 9 noch die Zählraten zu verschiedenen Zeitpunkten sowie die ermittelten Werte für die Zerfallskonstante und die Halbwertszeit.

Beispiel 2.9: *Kalibrierung einer Hall-Sonde mit einer langen Zylinderspule*

Das Kalibrieren von Meßgeräten kann in vielen Fällen besonders geschickt mit Hilfe der linearen Regression geschehen. Als Beispiel für ein Meßgerät mit in weiten Grenzen linearer Kalibrierkurve wurde eine *Hall*-Sonde ausgewählt. Zur Kalibrierung wird das Magnetfeld einer stromdurchflossenen, langen Zylinderspule verwendet, dessen Kraftflußdichte B sich errechnet nach der Gleichung:

$$B = \mu_o \cdot I \cdot \frac{n}{l} \;.$$

Über das Adreßlabel A wird zuerst die Windungszahl n der Spule und anschließend ohne neues Adreßlabel über die Taste (R/S) die Länge l der Spule eingegeben. Über das Adreßlabel B und die Taste (R/S) werden nun nacheinander mehrere Wertepaare für den Strom I durch die Spule und die dazugehörige Anzeige der *Hall*-Sonde eingegeben. Nach dieser Eichung der *Hall*-Sonde können über das Adreßlabel C beliebige Anzeigewerte der *Hall*-Sonde eingegeben werden; der Rechner berechnet mit Hilfe der Gleichung der Regressionsgeraden über die Befehlsfolge (OP 15) sofort den zugehörigen Wert der magnetischen Kraftflußdichte B. Da bei der Berechnung nicht nur die Steigung, sondern auch der y-Achsenabschnitt verwendet wird, spielt eine Ungenauigkeit in der Einstellung des Nullpunktes der *Hall*-Spannung keine Rolle; die Nullpunkt-Einstellung darf allerdings während der Messung nicht mehr verändert werden.

000	76 LBL	028	06 6	1.000 03		2.500 01	
001	11 A	029	94 +/-	7.500-01		2.915-03	
002	98 ADV	030	65 ×				
003	99 PRT	031	43 RCL			1.000 01	
004	42 STD	032	07 07	1.000-01		1.196-03	
005	07 07	033	55 ÷	1.675-04			
006	36 PGM	034	43 RCL	1.300 00		5.000 00	
007	01 01	035	08 08			6.232-04	
008	71 SBR	036	54)	2.000-01			
009	25 CLR	037	99 PRT	3.351-04		2.000 00	
010	91 R/S	038	32 X:T	2.540 00		2.794-04	
011	99 PRT	039	91 R/S				
012	42 STD	040	99 PRT	3.000-01		0.000 00	
013	08 08	041	78 Σ+	5.026-04		5.020-05	
014	92 RTN	042	92 RTN	3.490 00			
		043	61 GTO			-5.000 00	
015	76 LBL	044	12 B	4.000-01		-5.228-04	
016	12 B			6.702-04			
017	98 ADV	045	76 LBL	5.060 00			
018	53 (	046	13 C				
019	99 PRT	047	98 ADV	5.000-01			
020	65 ×	048	99 PRT	8.377-04			
021	01 1	049	69 OP	7.350 00			
022	93 .	050	15 15				
023	02 2	051	99 PRT				
024	05 5	052	92 RTN				
025	06 6	053	61 GTO				
026	06 6	054	13 C				
027	52 EE						

<u>Tabelle 10</u>

Die beiden ersten Spalten der Tabelle 10 zeigen das Programm. In der dritten Spalte ist der Ausdruck während des Kalibrierungsvorganges wiedergegeben. Die beiden ersten Werte sind die Windungszahl der zur Kalibrierung verwendeten Spule und deren Länge in m. Dann ist für fünf verschiedene Stromstärken (0,1 A bis 0,5 A) die errechnete magnetische Flußdichte B in T (Tesla) sowie die dazugehörige Anzeige des Meßinstruments wiedergegeben. Damit wurde die Kalibrierung der *Hall*-Sonde beendet. In der vierten Spalte sind dann verschiedene Anzeigewerte des Meßgeräts und die mit Hilfe der Gleichung der Regressionsgeraden berechneten dazugehörigen Werte der magnetischen Flußdichte ausgedruckt.

2.5 Schwierig auszuwertende Schulversuche

Manche physikalische Versuche sind vom Prinzip her interessant und leicht zu durchschauen, ihre rechnerische Auswertung bereitet aber Probleme, die die Schüler entmutigen und manchmal auch überfordern. Ein Beispiel dafür ist der Öltröpfchenversuch nach *Millikan* zur Bestimmung der Elementarladung. Ähnliche Schwierigkeiten bei der Auswertung bereiten auch z.B. die Bestimmung der *Stefan-Boltzmann*-Konstanten oder die Ablenkung von Beta-Teilchen in inhomogenen Magnetfeldern u.a. Die Möglichkeiten, die der Einsatz eines programmierbaren Rechners in solchen Fällen bietet, sollen exemplarisch am Beispiel des *Millikan*-Versuchs aufgezeigt werden.

Beispiel 2.10: *Millikan-Versuch*

Man beobachtet ein geladenes Öltröpfchen, das beim Umpolen der Kondensatorspannung (siehe Abb. 10) seine Bewegungsrichtung ändert. Mit F_1 und v_1 werden die Beträge der beschleunigenden Kraft und Geschwindigkeit bei Abwärtsbewegung und entsprechend mit F_2 und v_2 bei Aufwärtsbewegung bezeichnet. v_0 bedeutet die Sinkgeschwindigkeit im feldfreien Kondensator unter dem Einfluß der Gewichtskraft F_G.

Die Öltröpfchen führen eine gleichförmige Bewegung aus, weil die beschleunigende Kraft im Gleichgewicht mit der Reibungskraft steht. Diese berechnet sich nach dem *Stokes*schen Gesetz zu:

$$F_R = 6\pi \, r \, \eta \cdot v \qquad (1)$$

Dabei bedeutet η die Viskosität der Luft; sie hängt nach der Beziehung $\eta = 1,828 \cdot 10^{-5} \text{Nsm}^{-2} \cdot (1 + 2,5 \cdot 10^{-3} \cdot (\vartheta - 22°C))$ von der Temperatur ab. Die Geschwindigkeit ist also der Reibungskraft und damit auch der beschleunigenden Kraft proportional.

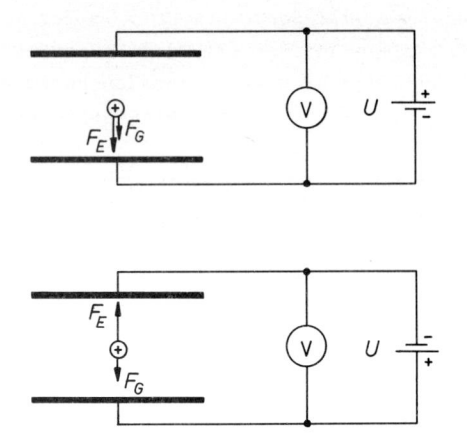

Abb. 10: Geladenes Öltröpfchen im Feld eines Plattenkondensators

Weil die Gewichtskraft $F_G = \dfrac{F_1 - F_2}{2}$ ist und Proportionalität zwischen der Kraft und der jeweiligen Geschwindigkeit besteht, gilt:

$$v_o = \frac{v_1 - v_2}{2}$$

$$F_G = 6\pi r \eta \frac{v_1 - v_2}{2} \quad .$$

Mit der Dichte ς des Öls erhält man für die auf das Tröpfchen wirkende Gewichtskraft die Beziehung:

$$\frac{4}{3}\pi r^3 \varsigma g = 6\pi r \eta \frac{v_1 - v_2}{2} \quad .$$

Hieraus läßt sich der Tröpfchenradius bestimmen zu:

$$r = 1,5 \sqrt{\frac{\eta(v_1 - v_2)}{\varsigma \cdot g}}$$

Für den Tröpfchenradius erhält man dabei Werte, die in der Größenordnung der freien Weglänge der Luftmoleküle (ca. 10^{-7} m) sind. Dies macht eine Korrektur der Viskosität η nötig:

$$\eta' = \eta \cdot (1 + 0,83 \cdot 10^{-7} \, \frac{m}{r}) \quad .$$

Diese Korrektur wird rekursiv in 3 Durchgängen vorgenommen.

Man geht nun davon aus, daß der Betrag der elektrischen Feldkraft $F_e = \dfrac{F_1 + F_2}{2}$ ist. Mit dem errechneten Wert für den Tröpfchenradius r und dem korrigierten Wert η' für die Viskosität der Luft erhält man nach Gleichung (1):

$$F_e = 6\pi r \eta \frac{v_1 + v_2}{2} .$$

Setzt man für die elektrische Feldkraft F_e noch die Beziehung $F_e = q\frac{U}{d}$ (d: Abstand der Kondensatorplatten) ein, so erhält man die Beziehung, aus der im Rechnerprogramm die Tröpfenladung q bestimmt wird:

$$q = \frac{3\pi r \eta' d}{U} (v_1 + v_2) .$$

Zu Beginn des Versuchs gibt man über die Adreßlabels A', B' und C' die Daten ein, die sich während des Versuchs nicht ändern, also den Plattenabstand d in m, die Dichte ϱ des Öls in kg m^{-3} und die Temperatur ϑ in °C. Die Dichte ϱ wird mit der Erdbeschleunigung g multipliziert und gespeichert, mit dem Wert der Temperatur wird gleich die Viskosität η der Luft berechnet. Über das Adreßlabel A erfolgt die Eingabe der Kondensatorspannung. Sind bereits früher Fall- und Steigzeiten für Tröpfchen eingegeben worden, so löst die Eingabe einer neuen Kondensatorspannung wegen des Programmflags 00 automatisch die Auswertung der bisherigen Meßwerte aus. Zur Eingabe der Meßstrecke s in m, die den Zeitmessungen zugrundeliegt, dient das Adreßlabel B; Diese Meßstrecke darf auch während einer Meßreihe verändert werden. Über die Adreßlabels C und D gibt man die beim wiederholten Umpolen der Spannung gemessenen Sink- und Steigzeiten t_1 und t_2 in s ein; aus diesen werden gleich die Geschwindigkeiten v_1 und v_2 berechnet. Die Bildung des Mittelwerts aus den einzelnen Messungen geschieht ohne die fest im Rechner einprogrammierten statistischen Befehle, damit auch bei einer unterschiedlichen Anzahl von Steig- und Fallzeiten eine Auswertung möglich ist. Die Berechnungen der Mittelwerte für Steig- und Fallzeiten erfolgen deshalb völlig unabhängig voneinander. Das Adreßlabel E leitet nach Beendigung der Messungen an einem Tröpfchen die Auswertung ein. Das Adreßlabel E' wird nicht von Hand bedient; es dient als Unterprogrammadresse für die rekursive Korrektur der Luftviskosität η. Am Ende der Rechnung werden der (korrigierte) Tröpfchenradius r und die Tröpfchenladung q ausgedruckt. Tabelle 11 zeigt das Programm für die Rechner TI-59 und TI-58.

000	76	LBL	053	58	FIX	106	06	06	161	09	09
001	16	A'	054	03	03	107	01	1	162	99	PRT
002	42	STO	055	22	INV	108	44	SUM	163	98	ADV
003	00	00	056	87	IFF	109	08	08	164	54	)
004	92	RTN	057	00	00	110	86	STF	165	99	PRT
			058	22	INV	111	00	00	166	98	ADV
005	76	LBL	059	32	X:T	112	43	RCL	167	98	ADV
006	17	B'	060	15	E	113	08	08	168	22	INV
007	53	(	061	32	X:T	114	92	RTN	169	86	STF
008	24	CE	062	76	LBL				170	00	00
009	65	×	063	22	INV	115	76	LBL	171	92	RTN
010	09	9	064	42	STO	116	15	E			
011	93	.	065	03	03	117	98	ADV	172	76	LBL
012	08	8	066	98	ADV	118	00	0	173	10	E'
013	01	1	067	99	PRT	119	48	EXC	174	53	(
014	54	)	068	92	RTN	120	07	07	175	53	(
015	42	STO				121	22	INV	176	24	CE
016	01	01	069	76	LBL	122	49	PRD	177	65	×
017	92	RTN	070	12	B	123	05	05	178	53	(
			071	99	PRT	124	00	0	179	43	RCL
018	76	LBL	072	98	ADV	125	48	EXC	180	05	05
019	18	C'	073	42	STO	126	08	08	181	75	-
020	53	(	074	04	04	127	22	INV	182	43	RCL
021	53	(	075	92	RTN	128	49	PRD	183	06	06
022	53	(				129	06	06	184	54	)
023	24	CE	076	76	LBL	130	53	(	185	55	÷
024	75	-	077	13	C	131	43	RCL	186	43	RCL
025	02	2	078	53	(	132	02	02	187	01	01
026	02	2	079	99	PRT	133	10	E'	188	54	)
027	54	)	080	55	÷	134	10	E'	189	34	√x
028	65	×	081	43	RCL	135	10	E'	190	65	×
029	93	.	082	04	04	136	65	×	191	01	1
030	00	0	083	54	)	137	03	3	192	93	.
031	00	0	084	35	1/X	138	65	×	193	05	5
032	02	2	085	44	SUM	139	89	π	194	54	)
033	05	5	086	05	05	140	55	÷	195	42	STO
034	85	+	087	01	1	141	43	RCL	196	09	09
035	01	1	088	44	SUM	142	03	03	197	53	(
036	54	)	089	07	07	143	65	×	198	53	(
037	65	×	090	86	STF	144	43	RCL	199	35	1/X
038	01	1	091	00	00	145	00	00	200	65	×
039	93	.	092	43	RCL	146	65	×	201	08	8
040	08	8	093	07	07	147	53	(	202	93	.
041	02	2	094	92	RTN	148	00	0	203	03	3
042	08	8				149	48	EXC	204	52	EE
043	52	EE	095	76	LBL	150	05	05	205	08	8
044	05	5	096	14	D	151	99	PRT	206	94	+/-
045	94	+/-	097	53	(	152	85	+	207	85	+
046	54	)	098	99	PRT	153	00	0	208	01	1
047	42	STO	099	98	ADV	154	48	EXC	209	54	)
048	02	02	100	55	÷	155	06	06	210	55	÷
049	92	RTN	101	43	RCL	156	99	PRT	211	43	RCL
			102	04	04	157	98	ADV	212	02	02
050	76	LBL	103	54	)	158	54	)	213	54	)
051	11	A	104	35	1/X	159	65	×	214	35	1/X
052	52	EE	105	44	SUM	160	43	RCL	215	92	RTN

Tabelle 11

3 Allgemeine Rechenbeispiele

3.1 Programmiertechnik und Programmiersprache

Bei den bisher beschriebenen Beispielen diente der Rechner zur Ergänzung einer Versuchsapparatur. Da hierfür wegen ihrer Handlichkeit programmierbare Taschenrechner ohne Zweifel am besten geeignet sind, wurden die Programme für anspruchsvolle programmierbare Taschenrechner, ergänzt durch einen Drucker, ausgelegt. Bei den folgenden Beispielen wird nur mit dem Rechner gearbeitet. Die Rechnungen lassen sich deshalb auch außerhalb der Physikräume an einem größeren, schuleigenen Rechner ausführen.
Da die Schulrechnern derzeit die Programmiersprache BASIC am weitesten verbreitet ist, werden die folgenden Beispiele in einer auf Rechner der Serien Commodore 2001, 3001 und 4001 abgestimmten BASIC-Version angegeben. Dabei wird ganz bewußt darauf verzichtet, die Möglichkeiten dieser Maschinen voll auszunützen. Begleitender Text und Bedienungscomfort beim Programmablauf sind möglichst knapp gehalten. Da es bei allen Beispielen darum geht, den Rechner für den Physikunterricht nutzbar zu machen, und nicht etwa darum, den Informatikunterricht durch Beispiele aus der Physik zu bereichern, wurden beim Aufstellen der Programme nur die elementarsten Programmiertechniken angewandt und alle Raffinessen unterlassen. Die Programme sollten so kurz und überschaubar sein, daß sie auch von wenig geübten Programmierern verstanden werden können.
Alle Beispiele können außer auf BASIC-tauglichen Tischrechnern auch auf anspruchsvollen programmierbaren Taschenrechnern gerechnet werden. Da die Übersetzung eines BASIC-Programms in die Sprache eines Taschenrechners nicht immer ganz einfach ist, sind die Programme stets außer in BASIC auch für die Rechner TI-59 und TI-58 angegeben.

Mit den angeführten Beispielen erschöpfen sich keineswegs die
Möglichkeiten des Einsatzes von Rechnern in der Schulphysik. Anspruchsvolle und sehr interessante weitere Beispiele finden sich
z.B. im in der Schriftenreihe "Informatik" erschienen Bändchen
"Rechenprogramme für den Physikunterricht" von *R.Kunze*.

3.2 Extremwertprobleme

In den Mathematik-Kursen der Jahrgangsstufen 12 und 13 lernen
Schüler, Extremwertprobleme mit Hilfe der Differentialrechnung
zu lösen. Treten im Physikunterricht Extremwertprobleme auf, so
sind oft zu diesem Zeitpunkt die mathematischen Voraussetzungen
für eine Lösung über die Differentialrechnung noch nicht erfüllt,
oder die Lösung über die Differentialrechnung führt zu größeren
rechnerischen Schwierigkeiten. Mit einem programmierbaren Rechner
lassen sich die meisten Extremwertprobleme mit beliebig wählbarer
Genauigkeit durch iterative Näherungen lösen. Diese iterativen
"Probierverfahren" können auch von Schülern verstanden werden,
die noch keine Infinitesimalrechnung kennen.

Beispiel 3.1: *Maximierung der Wurfweite bei vorgegebener Abwurfhöhe und Anfangsgeschwindigkeit*
Daß sich beim Abwurf vom Boden aus ohne Berücksichtigung der Luftreibung gerade bei einem Erhebungswinkel von 45° die größte Wurfweite ergibt, kann ohne Schwierigkeit ohne Differentialrechnung
aus den Bewegungsgleichungen abgeleitet werden. Die Beantwortung
der naheliegenden und wesentlich interessanteren Frage, welcher
Erhebungswinkel bei einem Abwurf von einem höher gelegenen Punkt
aus die größte Wurfweite ergibt, führt ohne Rechner zu mathematischen Schwierigkeiten.
Im folgenden Programm wird die Wurfweite s in Abhängigkeit vom
jeweiligen Erhebungswinkel α, von der Wurfhöhe h_0 und der Anfangsgeschwindigkeit v_0 nach folgender Gleichung berechnet:

$$s = v_0 \cdot \cos \alpha \cdot t_s + t_s^2 + \frac{2 h_0}{g} \qquad (1)$$

Dabei bedeutet t_s die "Steigzeit" bis zum höchsten Punkt der
Wurfbahn, sie errechnet sich zu

$$t_s = \frac{v_0 \sin \alpha}{g} \qquad (2)$$

Tabelle 12 zeigt ein Programm in der Programmiersprache BASIC, ausgelegt für Rechner von COMMODORE.

```
100 PRINT: PRINT TAB(10) "MAXIMALE WURFWEITE": PRINT
110 FOR N=1 TO 40: PRINT "=";: NEXT N: PRINT
120 INPUT "ABWURFHOEHE,WURFGESCHWINDIGKEIT"; H,V
130 FOR N=1 TO 40: PRINT "_";: NEXT N: PRINT
140 W=0: DW=.15: G=9.81: S1=0
200 FOR N=1 TO 5
210 S=S1: W=W+DW: TS=V*SIN(W)/G
220 S1=V*COS(W)*(TS+SQR(TS*TS+2*H/G))
230 IF S1>S THEN 210
240 DW=-DW/10: PRINT "W=";W*180/π; TAB(20)"| S=";S: NEXT N
300 FOR N=1 TO 40: PRINT "-";: NEXT N: PRINT
310 PRINT "MAXIMALE WURFWEITE S=";S;" METER"
320 PRINT "BEIM ABWURFWINKEL W=";W*180/π; " GRAD"
330 PRINT: INPUT "NOCH EINMAL"; A$: IF A$ = "JA" THEN 120
```

Tabelle 12

Die Zeilen 100 bis 120 dienen der Festlegung der Anfangswerte; W bezeichnet den Winkel und DW den Winkelschritt, jeweils im Bogenmaß. Die Zeile 200 legt fest, daß der Programmteil bis zum Befehl "NEXT N" in Zeile 240 fünfmal zu durchlaufen ist. In Zeile 210 und 220 wird der zuletzt berechnete Wert s_1 für die Wurfweite als Vergleichswert s übernommen, der Winkel um einen Winkelschritt verändert und der neue Wert für die Wurfweite berechnet. Dies wiederholt sich so lange, bis die neue berechnete Wurfweite s_1 nicht mehr größer ist als der bisherige Wert s. Dann wird in Zeile 240 das Vorzeichen des Winkelschritts verändert und sein Betrag durch 10 dividiert; gleichzeitig wird die Zahl n der abgeleisteten Durchgänge um 1 erhöht. Sind die geforderten 5 Durchgänge beendet, so erfolgt in den Zeilen 300 und 310 die Ausgabe der ermittelten maximalen Wurfweite und des dazugehörigen Abwurfwinkels, umgerechnet in Grad.

Das in Tabelle 13 angegebene Programm für die Rechner TI-58 und TI-59 hat die gleiche Struktur; bei diesen Rechnern kann jedoch gleich mit dem Winkel in Grad gerechnet werden. Das Zählen der Zyklen erfolgt mit der "DSZ"-Funktion in Verbindung mit dem Zahlenspeicher (00). Zur Speicherung des jeweiligen Vergleichswerts s der Wurfweite dient das Austauschregister t.

000	76	LBL	026	93	.	052	85	+	078	32	X:T
001	11	A	027	08	8	053	53	(	079	99	PRT
002	99	PRT	028	01	1	054	24	CE	080	98	ADV
003	42	STO	029	42	STO	055	33	X²	081	92	RTN
004	01	01	030	03	03	056	85	+	082	81	RST
005	92	RTN				057	02	2			
006	76	LBL	031	76	LBL	058	65	×	083	76	LBL
007	12	B	032	23	LNX	059	43	RCL	084	33	X²
008	99	PRT	033	53	(	060	01	01	085	32	X:T
009	42	STO	034	43	RCL	061	55	÷	086	93	.
010	02	02	035	09	09	062	43	RCL	087	01	1
011	92	RTN	036	66	PAU	063	03	03	088	94	+/-
			037	39	COS	064	54	)	089	49	PRD
012	76	LBL	038	65	×	065	34	√X	090	08	08
013	13	C	039	43	RCL	066	54	)	091	32	X:T
014	29	CP	040	02	02	067	54	)			
015	25	CLR	041	65	×	068	66	PAU	092	76	LBL
016	42	STO	042	53	(	069	77	GE	093	28	LOG
017	09	09	043	43	RCL	070	28	LOG	094	32	X:T
018	05	5	044	09	09	071	97	DSZ	095	43	RCL
019	42	STO	045	38	SIN	072	00	00	096	08	08
020	00	00	046	65	×	073	33	X²	097	44	SUM
021	01	1	047	43	RCL				098	09	09
022	00	0	048	02	02	074	43	RCL	099	61	GTO
023	42	STO	049	55	÷	075	09	09	100	23	LNX
024	08	08	050	43	RCL	076	98	ADV			
025	09	9	051	03	03	077	99	PRT			

<u>Tabelle 13:</u>

Die Eingabe der Abwurfhöhe und Wurfgeschwindigkeit geschieht über die Labels A und B; die Berechnung der Wurfweiten wird mit dem Label C gestartet.

<u>Beispiel 3.2:</u> *Fermatsches Prinzip bei Lichtreflexion und Lichtberechung*
Das *Fermat*sche Prinzip ist wohl das bekannteste Beispiel eines Extremalprinzips in der Physik: Bei der Lichtbrechung und Lichtreflexion ergeben sich stets solche Reflexions- bzw. Brechungswinkel, daß das Licht in der kürzestmöglichen Zeit von der Lichtquelle A zum Empfänger B gelangt. Allein aus diesem *Fermat*schen Prinzip können das Reflexionsgesetz ("Einfallswinkel = Reflexionswinkel") und das *Snellius*sche Brechungsgesetz

$$\frac{\sin \alpha}{\sin \beta} = \frac{c_1}{c_2} \quad (c_1, c_2: \text{Ausbreitungsgeschwindigkeiten des Lichts})$$

abgeleitet werden.

Die Herleitung insbesondere des Brechungsgesetzes aus dem *Fermat*-
schen Prinzip mittels Differentialrechnung ist schwierig und kann
höchstens von Schülern eines Oberstufenkurses verstanden werden.
Die Ermittlung des Brechungswinkels nach dem *Fermat*schen Prinzip
über ein rekursives "Probierverfahren" läßt sich auch jüngeren
Schülern verständlich machen; die Genauigkeit der Übereinstimmung
mit den gemessenen Werten ist beeindruckend.
Es ist ohne Rechnung einsichtig, daß das *Fermat*sche Prinzip nur
erfüllt werden kann, wenn einfallender Strahl, Einfallslot und
reflektierter bzw. gebrochener Strahl in einer Ebene liegen; in
die Schnittgerade dieser Ebene mit der Grenzfläche zwischen den
beiden optischen Medien wird für die Berechnung die x-Achse ge-
legt. Ohne Beschränkung der Allgemeinheit kann die Lichtquelle A
auf der y-Achse angenommen werden; sie hat dann die Koordinaten

```
100 PRINT: PRINT TAB(10)"FERMAT-PRINZIP": PRINT
110 FOR N=1TO40: PRINT"=";: NEXT: PRINT
120 PRINT "X-ACHSE IST TRENNUNGSLINIE DER MEDIEN"
130 INPUT "N1 UEBER X-ACHSE"; N1
140 INPUT "N2 UNTER X-ACHSE"; N2
150 PRINT "LICHTQUELLE IST AUF Y-ACHSE"
160 INPUT "ORDINATE Y1 DER LQ."; Y1
170 INPUT "ABSZISSE X2 DES BEOBACHTERS"; X2
180 INPUT "ORDINATE Y2 DES BEOBACHTERS"; Y2
190 C=3E8: DX=X2: X=0: T=0
200 PRINT: FOR N=1 TO 40: PRINT"_";:NEXT N: PRINT
210 IF Y1<0 THEN C1=C/N2: GOTO 230
220 C1=C/N1
230 IF Y2<0 THEN C2=C/N2: GOTO 300
240 C2=C/N1
300 FOR L=1 TO 6
310 T1=T: X=X+DX
320 T=SQR(X↑2+Y1↑2)/C1+SQR((X2-X)↑2+Y2↑2)/C2
330 IF T<=T1 THEN 310
340 PRINT "X=";X;TAB(20)"|T=";T: DX=-DX/10: NEXT L
350 FOR N=1 TO 40: PRINT "-";: NEXT N: PRINT
400 PRINT "EINFALLSWINKEL"; ATN(X/Y1)*180/π; "GRAD"
410 IF Y1*Y2>0 THEN 430
420 PRINT "BRECHUNGSWINKEL"; ATN((X2-X)/Y2)*180/π; "GRAD": GOTO 500
430 PRINT "REFLEXIONSWINKEL"; ATN((X2-X)/Y2)*180/π; "GRAD"
500 PRINT: INPUT "NOCH EINMAL"; A$: IF A$<>"JA" THEN END
510 INPUT "NEUE BRECHUNGSINDIZES";B$
520 IF B$="JA" THEN 130
530 GOTO 150
```

<u>Tabelle 14</u>

A $(0/y_1)$. Der vom Lichtstrahl getroffene Beobachter B hat die Koordinaten B (x_2/y_2). Sind die Vorzeichen von y_1 und y_2 gleich, so befinden sich Lichtquelle und Beobachter im gleichen Medium; es handelt sich um Lichtreflexion. Bei verschiedenen Vorzeichen von y_1 und y_2 befinden sich Lichtquelle und Beobachter in verschiedenen Medien; es handelt sich dann um eine Lichtbrechung.
Am deutlichsten erkennt man den Aufbau des Programms in der BASIC-Version (Tabelle 14). In den Zeilen 100 bis 190 erfolgt die Eingabe der zur Rechnung nötigen Werte. Die Zeilen 210 bis 240 dienen der Festlegung der Lichtgeschwindigkeiten vor und nach dem Auftreffen der Lichtstrahlen auf die Trennungslinie beider Medien. In den Zeilen 300 bis 340 wird der x-Wert des Auftreffpunktes verändert und jeweils die Laufzeit des Lichts von der Lichtquelle zum Beobachter berechnet. Überschreitet bei der Veränderung des x-Wertes die Laufzeit ein Minimum, so wird die Schrittlänge auf ein Zehntel verringert und die Richtung des Fortschreitens umgekehrt. Der x-Wert, bei dem dies geschieht, wird zusammen mit der errechneten Laufzeit des Lichts als Zwischenwert ausgedruckt.
Nach sechsmaliger Verringerung der Schrittlänge wird der Zyklus unterbrochen und die Endwerte sowie Einfallswinkel und Reflexions- oder Brechungswinkel ausgegeben.
Im Prinzip die gleiche Struktur besitzt das in Tabelle 15 dargestellte Programm für die Rechner TI-59 und TI-58. Über die Labels A - E werden eingegeben: Brechungsindex n_1 über der x-Achse, Brechungsindex n_2 unter der x-Achse, Ordinate y_1 der Lichtquelle, Abszisse x_2 des Beobachters, Ordinate y_2 des Beobachters. Die Rechnung wird mit dem Label A' gestartet.

```
000  76 LBL        060  43 RCL        115  53 (          172  08 08
001  11 A         061  01 01         116  43 RCL        173  44 SUM
002  42 STO       062  77 GE         117  09 09         174  09 09
003  01 01        063  23 LNX        118  66 PAU        175  86 STF
004  92 RTN                          119  33 X²         176  00 00
005  76 LBL       064  43 RCL        120  85 +          177  61 GTO
006  12 B         065  05 05         121  43 RCL        178  34 ┌X
007  42 STO       066  35 1/X        122  01 01
008  02 02        067  49 PRD        123  33 X²         179  76 LBL
009  92 RTN       068  06 06         124  54 )          180  30 TAN
010  76 LBL       069  61 GTO        125  34 ┌X         181  43 RCL
011  13 C         070  28 LOG        126  55 ÷          182  09 09
012  42 STO                          127  43 RCL        183  98 ADV
013  03 03        071  76 LBL        128  06 06         184  99 PRT
014  92 RTN       072  23 LNX        129  85 +          185  32 X:T
015  76 LBL       073  43 RCL        130  53 (          186  99 PRT
016  14 D         074  04 04         131  53 (          187  98 ADV
017  42 STO       075  35 1/X        132  43 RCL        188  53 (
018  04 04        076  49 PRD        133  02 02         189  32 X:T
019  92 RTN       077  06 06         134  75 -          190  55 ÷
020  76 LBL                          135  43 RCL        191  43 RCL
021  15 E         078  76 LBL        136  09 09         192  01 01
022  42 STO       079  28 LOG        137  54 )          193  54 )
023  05 05        080  43 RCL        138  33 X²         194  22 INV
024  92 RTN       081  03 03         139  85 +          195  30 TAN
                  082  77 GE         140  43 RCL        196  98 ADV
025  76 LBL       083  33 X²         141  03 03         197  99 PRT
026  16 A'        084  43 RCL        142  33 X²         198  32 X:T
027  22 INV       085  05 05         143  54 )          199  53 (
028  86 STF       086  35 1/X        144  34 ┌X         200  53 (
029  00 00        087  49 PRD        145  55 ÷          201  43 RCL
030  29 CP        088  07 07         146  43 RCL        202  02 02
031  06 6         089  61 GTO        147  07 07         203  75 -
032  42 STO       090  38 SIN        148  54 )          204  43 RCL
033  00 00                           149  22 INV        205  09 09
034  43 RCL       091  76 LBL        150  87 IFF        206  54 )
035  01 01        092  33 X²         151  00 00         207  55 ÷
036  98 ADV       093  43 RCL        152  35 1/X        208  43 RCL
037  98 ADV       094  04 04                            209  03 03
038  99 PRT       095  35 1/X        153  22 INV        210  54 )
039  98 ADV       096  49 PRD        154  77 GE         211  22 INV
040  43 RCL       097  07 07         155  35 1/X        212  30 TAN
041  02 02                                              213  99 PRT
042  99 PRT       098  76 LBL        156  22 INV        214  32 X:T
043  43 RCL       099  38 SIN        157  97 DSZ        215  38 SIN
044  03 03        100  53 (          158  00 00         216  98 ADV
045  99 PRT       101  43 RCL        159  30 TAN        217  99 PRT
046  98 ADV       102  02 02                            218  32 X:T
047  43 RCL       103  55 ÷          160  32 X:T        219  38 SIN
048  04 04        104  01 1          161  01 1          220  53 (
049  99 PRT       105  00 0          162  00 0          221  99 PRT
050  43 RCL       106  54 )          163  94 +/-        222  55 ÷
051  05 5         107  42 STO        164  35 1/X        223  32 X:T
052  99 PRT       108  08 08         165  49 PRD        224  54 )
053  03 3         109  00 0          166  08 08         225  35 1/X
054  52 EE        110  42 STO        167  32 X:T        226  98 ADV
055  08 8         111  09 09                            227  99 PRT
056  42 STO                          168  76 LBL        228  92 RTN
057  06 06        112  76 LBL        169  35 1/X        229  61 GTO
058  42 STO       113  34 ┌X         170  32 X:T        230  11 A
059  07 07        114  53 (          171  43 RCL
```

Tabelle 15

3.3 Numerische Integration

Häufig ist im Physikunterricht die theoretische Behandlung eines interessanten Problems deshalb nicht möglich, weil sie zu einem Integral führen würde, das nicht oder noch nicht gelöst werden kann. In der Kinematik führt dies dazu, daß man sich oft auf die Behandlung weniger, stark idealisierter und in der Wirklichkeit kaum auftretender Bewegungsabläufe beschränkt. Interessantere Bewegungen, wie der Fall im lufterfüllten Raum, Raketenflüge oder Bewegungen im inhomogenen Gravitationsfeld, werden dagegen allenfalls qualitativ beschrieben.
Da das Prinzip der Integration stets das gleiche ist und in der Näherung des "Summierens in kleinen Schritten" auch ohne Kenntnisse der Differential- und Integralrechnung leicht eingesehen werden kann, ist eine numerische Integration mit einem programmierbaren Rechner eine echte Alternative zur rein qualitativen Beschreibung. Während beim geschlossenen Integrieren für die Schüler oft das Auffinden der Stammfunktion das größere - oft unlösbare - Problem darstellt und so vom eigentlichen Prinzip der Integration ablenkt, läuft eine numerische Integration unaghängig von der jeweiligen Funktion praktisch immer nach dem gleichen Schema ab. Hat man das Schema verstanden, so kann man es auf eine Anzahl weiterer, oft auch komplizierterer Probleme anwenden.

Bei numerischen Verfahren wird oft als störend empfunden, daß nur eine begrenzte Genauigkeit der Ergebnisse zu erreichen ist. In der Physik ist aber das Streben nach absoluter Genauigkeit der Rechnung ohnehin nicht sinnvoll, da einerseits alle in die Rechnung eingehenden Meßwerte mit einer Meßungenauigkeit behaftet sind und andererseits die den Rechnungen zugrundeliegenden Theorien (wie z.B. die ganze *Newton*sche Mechanik) letztlich auch nur Näherungscharakter haben. Die folgenden Beispiele machen deutlich, daß es ohne großen Rechenaufwand möglich ist, bei numerischen Integrationen eine Genauigkeit der Rechenergebnisse zu erreichen, die die Zuverlässigkeit der in die Rechnungen eingehenden Meßwerte, ja selbst die Stellenzahl bei den Tabellenwerten mancher Naturkonstanten übertrifft.

3.4 Raketenbewegung

Die Bewegung einer Rakete im feldfreien Raum oder in einem näherungsweise als homogen angenommenen Gravitationsfeld wird geschlossen durch die *Ziolkowski*-Raketenformel beschrieben

$$v(t) = v_0 + v_1 \cdot \ln \frac{m_0}{m(t)} - g \cdot t \quad .$$

Dabei bedeutet v_0 die Anfangsgeschwindigkeit der Rakete bei der Zündung des Triebwerks, v_1 die Ausströmgeschwindigkeit der Raketengase, m_0 die Gesamtmasse der Rakete (einschließlich Treibstoff) beim Start, $m(t)$ die Gesamtmasse zum Zeitpunkt t und g die als konstant angenommene Erdbeschleunigung. Die Raketenbewegung wird als senkrecht nach oben angenommen.

Die *Ziolkowski*-Raketenformel kann bei Kenntnis der Differential- und Integralrechnung ohne große Mühe aus dem Beschleunigungs-Zeit-Gesetz der Rakete durch Integration hergeleitet werden. Zum Zeitpunkt der Behandlung des Rückstoßes im Unterricht sind aber diese Kenntnisse meist nicht vorhanden. Ohne Rechner ist deshalb die quantitative Behandlung des klassischen und eindrucksvollsten Beispiels des Rückstoßprinzips nicht möglich. Die folgenden Beispiele zeigen eine numerische Behandlung der Raketenbewegung im feldfreien Raum und im konstant angenommenen Gravitationsfeld ohne *Ziolkowski*-Formel; der Vergleich der numerisch ermittelten Endgeschwindigkeit mit der nach der *Ziolkowski*-Formel exakt errechneten zeigt die sehr gute Genauigkeit des numerischen Verfahrens. Im Gegensatz zur *Ziolkowski*-Formel kann das numerische Verfahren auch leicht für ein inhomogenes Gravitationsfeld abgeändert werden, wie das folgende Beispiel zeigt.

Beispiel 3.3: *Rakete im feldfreien Raum*
Den Aufbau des Programms erkennt man am einfachsten in der BASIC-Version (Tab. 16). In den Programmzeilen 100 ... 160 werden die Anfangswerte eingegeben. Das Zeitintervall zwischen zwei Ausgaben der zurückgelegten Strecke s und der von der Rakte erreichten Geschwindigkeit v wird für die Rechnung in n Teilintervalle zerlegt. Die mittlere Beschleunigung in einem Teilintervall errechnet sich näherungsweise zu

$$a = v_1 \cdot \frac{dm}{(m + m_1 - \frac{1}{2} dm \cdot dt)} \quad .$$

```
100 PRINT "⌂": PRINT "RAKETE IM FELDFREIEN RAUM": PRINT
110 INPUT "ANFANGSGESCHWINDIGKEIT"; V: S=0: T=0
120 INPUT "LEERMASSE, TREIBSTOFFVORRAT"; M, M1
130 INPUT "AUSSTOSS PRO SEKUNDE"; DM
140 INPUT "AUSSTROEMGESCHWINDIGKEIT"; V1
150 INPUT "ZEITINTERVALL, SCHRITTZAHL"; DT, N
160 DT=DT/N
200 PRINT: PRINT "T="; T: PRINT "S="; S; TAB(20)"V="; V
210 IF M1<=0 THEN END
220 FOR I=1 TO N
230 A=V1*DM/(M+M1-DM*DT/2): M1=M1-DM*DT 240
240 S=S+V*DT+A/2*DT*DT: V=V+A*DT: T=T+DT
250 IF M1<=0 THEN I=N
260 NEXT I: GOTO 200
```

Tabelle 16

Die Variable dm bezeichnet hier nicht ein Masseelement, sondern den Massenausstoß je Zeiteinheit, hat also die Maßeinheit kg · s^{-1}. Diese etwas ungewöhnliche Bezeichnungsweise geschieht in Anlehnung an das BASIC-Programm, da in BASIC Variablen nur mit maximal zwei Buchstaben bezeichnet werden können. Die üblichen Bezeichnungsweisen dm/dt bzw. $\dot{m}$ sind in BASIC nicht möglich. Ähnliche, von der mathematischen Gepflogenheit abweichende Bezeichnungsweisen erscheinen auch in anderen Beispielen; sie sind wohl ohne besondere Erklärung verständlich.

Mit dieser Bezeichnungsweise verringert sich die Treibstoffmasse m_1 im Zeitintervall dt um den Betrag d$m \cdot$dt. Die von der Rakete zurückgelegte Strecke erhöht sich dabei um den Betrag

$$ds = v \cdot dt + \frac{a}{2} dt^2$$

und die Geschwindigkeit der Rakete nimmt um den Wert

$$dv = a \cdot dt$$

zu. Ist der Treibstoffvorrat zuende ($m_1 \leq 0$), so werden noch die erreichten Endwerte ausgedruckt und dann die Rechnungen beendet.

Gleich aufgebaut ist das in Tab. 17 dargestellte Programm für die Rechner TI-59 und TI-58 mit dem Drucker PC 100. Wenn der Treibstoffvorrat zuende ist, bleibt die Maschine stehen, denn das Label "PRINT" ist jetzt über den Befehl "GOTO" und nicht, wie sonst im Programmablauf, über einen Subroutine-Befehl angesteuert.

Über die Labels A - C gibt man ein: Startgeschwindigkeit v in ms^{-1}, Leermasse m und Treibstoffvorrat m_1 in kg, Ausstoß pro Sekunde dm in kgs^{-1} und Ausströmgeschwindigkeit v_1 in ms^{-1}, Zeitintervall dt in s und Schrittzahl n; die Rechnung beginnt mit dem Label A'.

000	76	LBL	038	08	08	075	05	05	114	43	RCL
001	11	A	039	42	STO	076	65	×	115	10	10
002	42	STO	040	09	09	077	43	RCL	116	65	×
003	01	01	041	98	ADV	078	04	04	117	43	RCL
004	92	RTN	042	43	RCL	079	55	÷	118	06	06
005	76	LBL	043	01	01	080	53	(	119	54	)
006	12	B	044	99	PRT	081	43	RCL	120	44	SUM
007	42	STO	045	43	RCL	082	02	02	121	01	01
008	02	02	046	02	02	083	85	+	122	53	(
009	91	R/S	047	99	PRT	084	43	RCL	123	43	RCL
010	42	STO	048	43	RCL	085	03	03	124	06	06
011	03	03	049	03	03	086	75	−	125	44	SUM
012	92	RTN	050	99	PRT	087	43	RCL	126	08	08
013	76	LBL	051	43	RCL	088	04	04	127	65	×
014	13	C	052	04	04	089	65	×	128	43	RCL
015	42	STO	053	99	PRT	090	43	RCL	129	04	04
016	04	04	054	43	RCL	091	06	06	130	54	)
017	91	R/S	055	05	05	092	55	÷	131	94	+/−
018	42	STO	056	99	PRT	093	02	2	132	44	SUM
019	05	05				094	54	)	133	03	03
020	92	RTN	057	76	LBL	095	54	)	134	97	DSZ
021	76	LBL	058	23	LNX	096	42	STO	135	00	00
022	14	D	059	43	RCL	097	10	10	136	28	LOG
023	42	STO	060	07	07	098	55	÷	137	61	GTO
024	06	06	061	42	STO	099	02	2	138	23	LNX
025	91	R/S	062	00	00	100	65	×			
026	42	STO	063	71	SBR	101	43	RCL	139	76	LBL
027	07	07	064	99	PRT	102	06	06	140	99	PRT
028	22	INV				103	33	X²	141	98	ADV
029	49	PRD	065	76	LBL	104	85	+	142	43	RCL
030	06	06	066	28	LOG	105	43	RCL	143	08	08
031	92	RTN	067	43	RCL	106	01	01	144	99	PRT
			068	03	03	107	65	×	145	43	RCL
032	76	LBL	069	94	+/−	108	43	RCL	146	09	09
033	16	A'	070	77	GE	109	06	06	147	99	PRT
034	98	ADV	071	99	PRT	110	54	)	148	43	RCL
035	29	CP	072	53	(	111	44	SUM	149	01	01
036	00	0	073	53	(	112	09	09	150	99	PRT
037	42	STO	074	43	RCL	113	53	(	151	92	RTN

Tabelle 17

Beispiel 3.4: *Rakete im als homogen angenommenen Gravitationsfeld*
Für einen Raketenstart senkrecht nach oben bei konstanter Gravitationsbeschleunigung g braucht man im BASIC-Programm nach Tabelle 16 nur die Zeile 230 folgendermaßen zu ändern:

230 A=V1 * DM/(M+M1-DM*DT/2)-9.81: M1=M1-DM*DT

Die entsprechende Änderung im Programm für die Rechner TI-59 und TI-58 erhält man, wenn man im Programm nach Tabelle 17 zwischen die Schritte 094 und 095 noch die Subtraktion des Wertes der Gravitationsbeschleunigung (für die Erdoberfläche 9,81 ms^{-2}) einfügt (Tab. 18).

```
..........
090  43 RCL
091  06  06
092  55  ÷
093  02  2
094  54  )
095  75  -
096  09  9
097  93  .
098  08  8
099  01  1
100  54  )
101  42 STO
102  10  10
103  55  ÷
104  02  2
105  65  ×
..........
```

Tabelle 18

Einen Eindruck von der Genauigkeit des Verfahrens vermittelt die Tabelle 19. In ihr ist der Ausdruck des Rechners beim Ablauf der Programme nach Tabelle 17 (Rakete im feldfreien Raum) und nach Einfügen der Änderung nach Tabelle 18 (konstante Erdbeschleunigung) wiedergegeben. Die ersten fünf Zeilen am Kopf der Tabelle geben an: Anfangsgeschwindigkeit v in ms^{-1}, Leermasse m in kg, Treibstoffvorrat m_1 in kg, Ausstoß dm pro Sekunde in kgs^{-1}. Anschließend sind die Zeit t in s, die zurückgelegte Strecke s in m und die Geschwindigkeit v in ms^{-1} ausgedruckt. Das Zeitintervall ist für die Rechnung jeweils in zehn Teilintervalle aufgeteilt. Zum Vergleich werden am Ende jeweils noch die nach der *Ziolkowski*-Formel exakt berechneten Werte für die Endgeschwindigkeit angegeben. Man erkennt, daß bei nur zehn Zwischenschritten pro Zeitintervall der relative Fehler des Näherungswertes kleiner ist als 0,01 %, also weitaus kleiner als z.B. der relative Fehler des zugrundegelegten Wertes für die Erdbeschleunigung.

0.000 1000.000 4000.000 20.000 3000.000			0.000 1000.000 4000.000 20.000 3000.000	
0.000 0.000 0.000	120.000 104971.484 1961.758	0.000 0.000 0.000	120.000 34889.484 784.558
20.000 2467.024 250.143	140.000 149080.083 2462.908	20.000 505.024 53.943	140.000 52942.083 1089.508
40.000 10158.067 523.057	160.000 204158.998 3064.900	40.000 2310.067 130.657	160.000 78590.998 1495.300
60.000 23572.109 823.305	180.000 272683.790 3818.803	60.000 5914.109 234.705	180.000 113761.790 2053.003
80.000 43313.716 1156.978	200.000 358593.910 4828.122	80.000 11921.716 372.178	200.000 162393.910 2866.122
100.000 70130.603 1532.463	4828.314	100.000 21080.603 551.463	2866.314

Tabelle 19

Beispiel 3.5: *Rakete im inhomogenen Gravitationsfeld*
Hier hängt der Wert für die Beschleunigung, also für die zweite Ableitung des Weges nach der Zeit, von der zurückgelegten Wegstrecke ab. Deshalb handelt es sich bei diesem Problem im Grunde nicht mehr um eine einfache Integration, sondern um die Lösung einer Differentialgleichung zweiter Ordnung. Da jedoch die nötigen Änderungen am Programm für die Raketenbewegung nur gering sind, wird dieser Fall trotzdem bereits an dieser Stelle vor den allgemeinen Überlegungen zur numerischen Lösung von Differentialgleichungen beschrieben. Weil sich der Wert der Gravitationsbeschleunigung in einem Zeitintervall stets nur geringfügig ändert, spielen die dort angestellten Überlegungen zur Genauigkeit verschiedener numerischer Lösungsverfahren für Differentialgleichungen bei diesem Problem kaum eine Rolle.

```
100 PRINT "⌂": PRINT "RAKETE IM INHOMOGENEN FELD": PRINT
110 INPUT "STARTHOEHE, GESCHWINDIGKEIT";H,V: T=0
120 INPUT "LEERMASSE, TREIBSTOFFVORRAT"; M, M1
130 INPUT "AUSSTOSS PRO SEKUNDE"; DM
140 INPUT "AUSSTROEMGESCHWINDIGKEIT"; V1
150 INPUT "ZEITINTERVALL, SCHRITTZAHL"; DT, N
160 DT=DT/N
200 PRINT: PRINT "T="; T: PRINT "H="; H; TAB(20)"V="; V
210 IF M1<=0 THEN END
220 FOR I=1 TO N
230 A=V1*DM/(M+M1-DM*DT/2)-9.81*(6.371E6/(6.371E6+H))↑2
240 M1=M1-DM*DT: H=H+V*DT+A/2*DT*DT: V=V+A*DT: T=T+DT
250 IF M1<=0 THEN I=N
260 NEXT I: GOTO 200
```

Tabelle 20

Um die Abnahme der Gravitationsbeschleunigung mit zunehmender Höhe zu berücksichtigen, genügt es, statt des konstanten Wertes g = 9,81 ms^{-2} den Wert $g' = g \cdot r^2/(r+h)^2$ einzusetzen, wobei r für den Erdradius $6,371 \cdot 10^6$ m steht. In diesem Fall ist es auch nicht mehr nötig, den Start bei h = 0 m zu fordern; zu Beginn des Programms wird deshalb noch zusätzlich die Starthöhe über dem Erdboden eingegeben. Von dieser Möglichkeit kann man z.B. bei der Berechnung mehrstufiger Raketen Gebrauch machen.

Tabelle 20 zeigt das Programm in BASIC; ein entsprechendes Programm für die Rechner TI-59 und TI-58 zeigt Tabelle 21. Im Gegensatz zu Tabelle 17 werden unter Label A nacheinander Starthöhe und Startgeschwindigkeit eingegeben; die übrigen Eingaben entsprechen der Tabelle 17. Tabelle 22 zeigt den Start einer zweistufigen Rakete. Nach Ablauf der Rechnung für die erste Stufe wurden über die Labels B und C die entsprechenden Werte für die zweite Stufe eingegeben und die Rechnung über das Label A' neu gestartet.

000	76	LBL	046	43	RCL	091	43	RCL	138	44	SUM
001	11	A	047	01	01	092	04	04	139	09	09
002	42	STO	048	99	PRT	093	65	×	140	53	(
003	09	09	049	43	RCL	094	43	RCL	141	43	RCL
004	91	R/S	050	02	02	095	06	06	142	10	10
005	42	STO	051	99	PRT	096	55	÷	143	65	×
006	01	01	052	43	RCL	097	02	2	144	43	RCL
007	92	RTN	053	03	03	098	54	)	145	06	06
008	76	LBL	054	99	PRT	099	75	−	146	54	)
009	12	B	055	43	RCL	100	09	9	147	44	SUM
010	42	STO	056	04	04	101	93	.	148	01	01
011	02	02	057	99	PRT	102	08	8	149	53	(
012	91	R/S	058	43	RCL	103	01	1	150	43	RCL
013	42	STO	059	05	05	104	65	×	151	06	06
014	03	03	060	99	PRT	105	53	(	152	44	SUM
015	92	RTN				106	06	6	153	08	08
016	76	LBL	061	76	LBL	107	93	.	154	65	×
017	13	C	062	23	LNX	108	03	3	155	43	RCL
018	42	STO	063	43	RCL	109	07	7	156	04	04
019	04	04	064	07	07	110	01	1	157	54	)
020	91	R/S	065	42	STO	111	52	EE	158	94	+/−
021	42	STO	066	00	00	112	06	6	159	44	SUM
022	05	05	067	71	SBR	113	55	÷	160	03	03
023	92	RTN	068	99	PRT	114	53	(	161	97	DSZ
024	76	LBL				115	24	CE	162	00	00
025	14	D	069	76	LBL	116	85	+	163	28	LOG
026	42	STO	070	28	LOG	117	43	RCL	164	61	GTO
027	06	06	071	43	RCL	118	09	09	165	23	LNX
028	91	R/S	072	03	03	119	54	)			
029	42	STO	073	94	+/−	120	54	)	166	76	LBL
030	07	07	074	77	GE	121	33	X²	167	99	PRT
031	22	INV	075	99	PRT	122	54	)	168	22	INV
032	49	PRD	076	53	(	123	42	STO	169	52	EE
033	06	06	077	53	(	124	10	10	170	98	ADV
034	92	RTN	078	43	RCL	125	55	÷	171	43	RCL
			079	05	05	126	02	2	172	08	08
035	76	LBL	080	65	×	127	65	×	173	99	PRT
036	16	A'	081	43	RCL	128	43	RCL	174	43	RCL
037	98	ADV	082	04	04	129	06	06	175	09	09
038	29	CP	083	55	÷	130	33	X²	176	99	PRT
039	25	CLR	084	53	(	131	85	+	177	43	RCL
040	42	STO	085	43	RCL	132	43	RCL	178	01	01
041	08	08	086	02	02	133	01	01	179	99	PRT
042	98	ADV	087	85	+	134	65	×	180	92	RTN
043	43	RCL	088	43	RCL	135	43	RCL			
044	09	09	089	03	03	136	06	06			
045	99	PRT	090	75	−	137	54	)			

Tabelle 21

0.000		163373.186	
0.000		2889.741	
2000.000		100.000	
8000.000		400.000	
40.000		2.000	
3000.000		4000.000	
0.000	120.000	0.000	120.000
0.000	34431.043	163373.186	585375.988
0.000	787.991	2889.741	4448.393
20.000	140.000	20.000	140.000
505.064	53126.285	222601.699	679208.276
53.952	1095.523	3038.248	4953.959
40.000	160.000	40.000	160.000
2310.836	78931.850	285128.823	784459.344
130.739	1505.201	3220.490	5598.472
60.000	180.000	60.000	180.000
5918.476	114353.864	351688.313	904523.289
235.018	2068.563	3442.652	6450.390
80.000	200.000	80.000	200.000
11936.919	163373.186	423157.010	1044754.286
373.008	2889.741	3712.987	7648.184
100.000		100.000	
21121.169		500605.515	
553.260		4042.836	

Tabelle 22

3.5 Beugung am Spalt

Ein weiteres Beispiel dafür, daß die mathematisch exakte Behandlung eines üblichen Unterrichtsgegenstandes zu Integralen führt, die von Schülern nicht ohne weiteres geschlossen gelöst werden können, ist die Beugung am Spalt. Zwar kann die Lage der Helligkeitsminima auch ohne Integration durch eine Plausibilitätsbetrachtung ermittelt werden, die Lage der Intensitätsmaxima, die sich keineswegs exakt in der Mitte zwischen den Minima befinden, und die Intensitätsverteilung sind aber ohne Integralrechnung nicht zu bestimmen. Der häufig eingeschlagene Weg, die Gleichung für die Intensitätsverteilung

$$I = I_o \cdot \frac{\sin^2 x}{x^2}$$

einfach mitzuteilen und zu diskutieren, bleibt unbefriedigend.
Eine andere Möglichkeit ist, die Integration durch eine numerische Näherung zu ersetzen. Hierzu wird der Spalt in Gedanken in eine endliche, aus später ersichtlichen Gründen ungerade Anzahl n von gleichen Teilen unterteilt, die als Zentren von Elementarwellen gleicher Amplituden angesehen werden. Verläßt ein Lichtbündel den Spalt unter dem Winkel α gegen die optische Achse (Abb. 11), so beträgt der Phasenunterschied zweier benachbarter Elementarwellen

$$\Delta\varphi = \frac{2\pi}{\lambda} \cdot \frac{b}{n} \cdot \sin\alpha \quad .$$

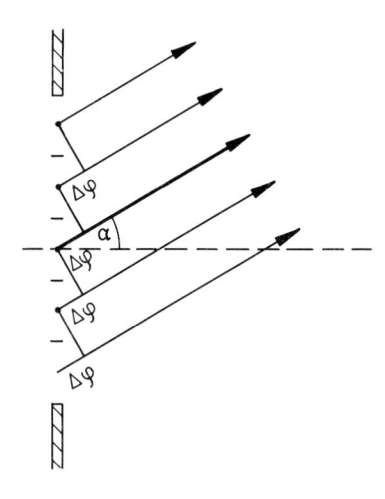

Abb. 11: Zur Beugung am Spalt

Die einzelnen Elementarwellen werden nach dem *Fresnel*schen Zeigerverfahren zur Überlagerung gebracht. Dabei ist es zweckmäßig, von der Spaltmitte auszugehen (deshalb die ungerade Anzahl von Spaltteilen) und jeweils zwei Wellen zusammenzufassen, deren Zentren symmetrisch zur Spaltmitte liegen. Die Phasenverschiebungen dieser Wellen gegenüber der von der Spaltmitte ausgehenden Welle haben dann den gleichen Betrag, aber umgekehrtes Vorzeichen. Ihr Summenzeiger stimmt damit in der Richtung mit dem Zeiger der von der Spaltmitte ausgehenden Welle überein; die Zeigerlängen können einfach algebraisch addiert werden. Abb. 12 soll dieses Verfahren verdeutlichen; statt des Summenzeigers sind jeweils zwei parallele Zeiger der halben Länge des Summenzeigers eingezeichnet.

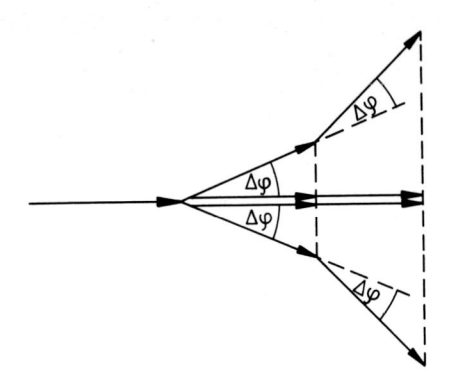

Abb. 12: Zeigerdiagramm zu Abb. 11

Für die Gesamtamplitude des unter dem Winkel α gegen die optische Achse vom Spalt ausgehenden Lichtbündels erhält man die Beziehung:

$$y = \frac{1}{n} \cdot (1 + 2 \cdot \sum_{i=1}^{m} \cos(i \cdot \Delta\varphi)) \qquad \text{mit } m = \frac{1}{2}(n-1) .$$

Die Lichtintensität ergibt sich durch Quadrieren der Lichtamplitude. Durch die Normierung der Amplituden der Elementarwellen zu $\frac{1}{n}$ wird erreicht, daß in der Mitte des Maximums nullter Ordnung die Werte für die Amplitude und die Intensität gerade 1 sind.

Die Genauigkeit der berechneten Amplitudenwerte ist umso größer, je größer die Anzahl der Spaltteile ist. Sie nimmt außerdem mit zunehmendem Winkel α ab. Das Maximum kleinster Amplitude würde man bei dieser Näherungsrechnung erhalten, wenn $\Delta\varphi$ gerade $\frac{\pi}{2}$ wäre; bei weiterer Zunahme des Phasenunterschieds würde die Rechnung entgegen jeder physikalischer Wirklichkeit wieder eine Zunahme der Amplituden in den Maxima ergeben. Hier wird die Näherung deshalb völlig unbrauchbar. Hinreichend weit von diesem Bereich entfernt bleibt man, wenn man fordert, daß im ganzen untersuchten Winkelintervall der Phasenunterschied zweier benachbarter Elementarwellen $\Delta\varphi < 1$ bleibt. Für die nötige Anzahl n der Spaltteile ergibt sich damit die Bedingung

$$n > 2\pi \cdot \frac{b}{\lambda} \cdot \sin \alpha .$$

Nach dem gleichen Prinzip kann auch die Amplituden bzw. Intensitätsverteilung bei der Beugung am Doppelspalt bzw. bei der Beugung an mehreren Spalten näherungsweise berechnet werden. Man berechnet zunächst nach dem beschriebenen Verfahren für den jeweiligen Ablenkwinkel α die Amplitude des an einem einzelnen Spalt gebeugten Lichtbündels. Dann werden die von den einzelnen Spalten ausgehenden Lichtbündel zur Interferenz gebracht.
Am einfachsten ist dies beim Doppelspalt durchzuführen. Wird der Abstand der beiden Spaltmitten mit d bezeichnet, so gilt für den Phasenunterschied $\Delta\psi$ zwischen beiden Lichtbündeln:

$$\Delta\psi = \frac{2\pi}{\lambda} \cdot d \cdot \sin\alpha .$$

Das Zeigerdiagramm für die Überlagerung beider Lichtbündel zeigt Abb. 13. Für die resultierende Amplitude A_1 gilt:

$$A_1 = 2 \cdot A \cdot \cos\frac{\Delta\psi}{2} = 2 \cdot A \cdot \cos(\frac{\pi}{\lambda} \cdot d \cdot \sin\alpha) .$$

Durch die Normierung der Amplitude des Maximums nullter Ordnung zu 1 entfällt in der Rechnung der Faktor 2.

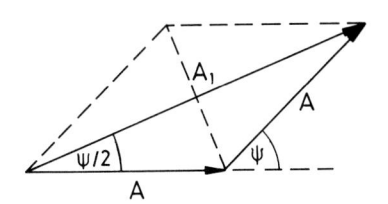

Abb. 13: Zeigerdiagramm zum Doppelspalt

Beispiel 3.6: *Beugung am Einzelspalt*
Tabelle 23 zeigt ein BASIC-Programm. Gibt man für die gewünschte Zahl der Spaltteile eine gerade Zahl ein, so wird für n in Zeile 150 automatisch die nächsthöhere ungerade Zahl gewählt. Ein entsprechendes Programm für die Rechner TI-59 und TI-58 zeigt Tabelle 24. Die Labels A - E dienen zur Eingabe der Größen Spaltbreite b in m, Lichtwellenlänge λ in m, Winkelintervall (Anfangs- und Endwert des Winkels α) in Grad, Winkelschritt $\Delta\alpha$ in Grad und Anzahl n der Spaltteile. Über das Label A' startet man die Berechnung der Amplituden und Intensitäten. Nach den Anfangswerten werden

während der Rechnung jeweils der Winkel α in Grad sowie die dazugehörige Amplitude A und die Intensität $I = A^2$ ausgedruckt.

```
100 PRINT: PRINT TAB(10) "BEUGUNG AM SPALT": PRINT
110 INPUT "BREITE DES SPALTS"; B
120 INPUT "LICHTWELLENLAENGE"; L
130 INPUT "WINKELINTERVALL IN GRAD"; A, AE
140 INPUT "WINKELSCHRITT IN GRAD"; DA
150 INPUT "ANZAHL DER SPALTTEILE"; N: M=INT(N/2): N=2*M+1
200 X=A*π/180: W=2*π*B/L/N*SIN(X)
210 Y=1/N: FOR I=1TO M: Y=ABS(Y+2/N*COS(I*W)): NEXT I
220 PRINT "A="; A; TAB(20) "Y="; Y: A=A+DA
230 IF A<AE THEN 200: END
```

Tabelle 23

000	76	LBL	037	01	1	072	07	07	107	44	SUM
001	11	A	038	54	)	073	65	×	108	09	09
002	42	STO	039	42	STO	074	43	RCL	109	97	DSZ
003	01	01	040	07	07	075	03	03	110	00	00
004	92	RTN	041	92	RTN	076	38	SIN	111	23	LNX
005	76	LBL				077	54	)			
006	12	B	042	76	LBL	078	42	STO	112	43	RCL
007	42	STO	043	16	A'	079	08	08	113	03	03
008	02	02	044	52	EE				114	99	PRT
009	92	RTN	045	98	ADV	080	43	RCL	115	43	RCL
010	76	LBL	046	43	RCL	081	06	06	116	09	09
011	13	C	047	01	01	082	42	STO	117	50	I×I
012	42	STO	048	99	PRT	083	00	00	118	99	PRT
013	03	03	049	43	RCL	084	43	RCL	119	33	X²
014	91	R/S	050	02	02	085	07	07	120	99	PRT
015	42	STO	051	99	PRT	086	35	1/X	121	43	RCL
016	04	04	052	43	RCL	087	42	STO	122	05	05
017	92	RTN	053	07	07	088	09	09	123	44	SUM
018	76	LBL	054	99	PRT	089	70	RAD	124	03	03
019	14	D	055	25	CLR				125	53	(
020	42	STO				090	76	LBL	126	43	RCL
021	05	05	056	76	LBL	091	23	LNX	127	04	04
022	92	RTN	057	33	X²	092	53	(	128	75	-
023	76	LBL	058	60	DEG	093	02	2	129	43	RCL
024	15	E	059	98	ADV	094	55	÷	130	03	03
025	53	(	060	53	(	095	43	RCL	131	54	)
026	53	(	061	02	2	096	07	07	132	77	GE
027	24	CE	062	65	×	097	65	×	133	33	X²
028	55	÷	063	89	π	098	53	(			
029	02	2	064	55	÷	099	43	RCL	134	98	ADV
030	54	)	065	43	RCL	100	00	00	135	92	RTN
031	59	INT	066	02	02	101	65	×	136	81	RST
032	42	STO	067	65	×	102	43	RCL			
033	06	06	068	43	RCL	103	08	08			
034	65	×	069	01	01	104	54	)			
035	02	2	070	55	÷	105	39	COS			
036	85	+	071	43	RCL	106	54	)			

Tabelle 24

```
100 PRINT"□": PRINT TAB(10) "BEUGUNG AM DOPPELSPALT": PRINT
110 INPUT "BREITE DER EINZELSPALTE"; B
120 INPUT "ABSTAND DER SPALTMITTEN"; D
130 INPUT "LICHTWELLENLAENGE"; L
140 INPUT "WINKELINTERVALL IN GRAD"; A, AE
150 INPUT "WINKELSCHRITT IN GRAD"; DA
160 INPUT "ANZAHL DER SPALTTEILE"; N: M=INT(N/2): N=2*M+1
200 X=A*π/180: W=2*π*B/L/N*SIN(X)
210 Y=1/N: FOR I=1 TO M: Y=ABS(Y+2/N*COS(I*W)): NEXT I
220 Y=ABS(Y*COS(π/L*D*SIN(X)))
230 PRINT "A="; A; TAB(20) "Y=";Y: A=A+DA
240 IF A<=AE THEN 200
```

Tabelle 25

000	76	LBL	042	42	STO	082	38	SIN	121	43	RCL
001	11	A	043	07	07	083	54	)	122	02	02
002	42	STO	044	92	RTN	084	42	STO	123	65	×
003	01	01				085	08	08	124	43	RCL
004	91	R/S	045	76	LBL				125	10	10
005	42	STO	046	16	A'	086	43	RCL	126	65	×
006	10	10	047	52	EE	087	06	06	127	43	RCL
007	92	RTN	048	98	ADV	088	42	STO	128	03	03
008	76	LBL	049	43	RCL	089	00	00	129	99	PRT
009	12	B	050	01	01	090	43	RCL	130	60	DEG
010	42	STO	051	99	PRT	091	07	07	131	38	SIN
011	02	02	052	43	RCL	092	35	1/X	132	54	)
012	92	RTN	053	10	10	093	42	STO	133	70	RAD
013	76	LBL	054	99	PRT	094	09	09	134	39	COS
014	13	C	055	43	RCL	095	70	RAD	135	49	PRD
015	42	STO	056	02	02				136	09	09
016	03	03	057	99	PRT	096	76	LBL	137	43	RCL
017	91	R/S	058	43	RCL	097	23	LNX	138	09	09
018	42	STO	059	07	07	098	53	(	139	50	I×I
019	04	04	060	99	PRT	099	02	2	140	99	PRT
020	92	RTN	061	25	CLR	100	55	÷	141	33	X²
021	76	LBL				101	43	RCL	142	99	PRT
022	14	D	062	76	LBL	102	07	07			
023	42	STO	063	33	X²	103	65	×	143	43	RCL
024	05	05	064	60	DEG	104	53	(	144	05	05
025	92	RTN	065	98	ADV	105	43	RCL	145	44	SUM
026	76	LBL	066	53	(	106	00	00	146	03	03
027	15	E	067	02	2	107	65	×	147	53	(
028	53	(	068	65	×	108	43	RCL	148	43	RCL
029	53	(	069	89	π	109	08	08	149	04	04
030	24	CE	070	55	÷	110	54	)	150	75	-
031	55	÷	071	43	RCL	111	39	COS	151	43	RCL
032	02	2	072	02	02	112	54	)	152	03	03
033	54	)	073	65	×	113	44	SUM	153	54	)
034	59	INT	074	43	RCL	114	09	09	154	77	GE
035	42	STO	075	01	01	115	97	DSZ	155	33	X²
036	06	06	076	55	÷	116	00	00			
037	65	×	077	43	RCL	117	23	LNX	156	98	ADV
038	02	2	078	07	07				157	92	RTN
039	85	+	079	65	×	118	53	(	158	81	RST
040	01	1	080	43	RCL	119	89	π			
041	54	)	081	03	03	120	55	÷			

Tabelle 26

Beispiel 3.7: *Beugung am Doppelspalt*
Ein entsprechend der Tabelle 23 aufgebautes BASIC-Programm für die Beugung am Doppelspalt zeigt Tabelle 25. Ein Programm für die Rechner TI-59 und TI-58 ist in Tabelle 26 wiedergegeben. Da die Programme es nicht nur erlauben, die Lage der Maxima und Minima zu bestimmen, sondern auch einen Vergleich der Amplituden zulassen, ist es besonders interessant, das Verhältnis von Spaltabstand d und Spaltbreite b zu variieren. Man erkennt dann deutlich das Beugungsbild der jeweiligen Einzelspalte als Einhüllende für die Amplituden der Interferenzstreifen des Doppelspaltes.

4 Numerische Lösung von Differentialgleichungen

4.1 Vorbemerkung

Die mathematische Behandlung physikalischer Vorgänge führt nicht selten zu Differentialgleichungen, die man den Schülern zwar verständlich machen kann, für deren geschlossene Lösung aber oft das mathematische Rüstzeug fehlt. Mit Hilfe von Rechnern lassen sich jedoch einfache numerische Lösungsverfahren durchführen, die auch ohne Kenntnisse der höheren Mathematik zu verstehen sind. Diese Lösungsverfahren werden im folgenden bewußt an einfachen Beispielen aufgezeigt, da sie so durchsichtiger erscheinen und da außerdem der Vergleich mit der bekannten geschlossenen Lösung Aussagen über die Genauigkeit des Verfahrens erlaubt. Dieselben Lösungsverfahren eignen sich auch für anspruchsvollere Probleme.

4.2 Differentialgleichungen erster Ordnung der Form $\dot{x}=f(x,t)$

Ein einfaches Beispiel für eine physikalische Größe, deren Ableitung nach der Zeit leicht als Funktion der Größe selbst angegeben werden kann, ist die Spannung an einem Kondensator der Kapazität C, der über einen Widerstand des Wertes R an eine Spannungsquelle der Spannung U_0 angeschlossen ist. Hier gilt:

$$\dot{U} = \frac{1}{R \cdot C} \cdot (U_0 - U) \ . \tag{1}$$

Ist U_0 konstant, so ist $\dot{U}$ nur eine Funktion von U; ist U_0 zeitlich veränderlich (z.B. Wechselspannung), so kommt eine direkte Abhängigkeit der Ableitung $\dot{U}$ von der Zeit t dazu.

Beispiel 4.1: *Einfaches Lösungsverfahren*
Die Differentialgleichung (1) wird numerisch am einfachsten durch folgende Schrittfolge gelöst:
a) Eingabe des Anfangswertes U_1 der Spannung U

b) Berechnung von $\quad U_{n+1} = U_n + f(U_n) \cdot \Delta t \qquad (n=1,2,\ldots)$

$$t_{n+1} = t_n + \Delta t$$

mit $\quad f(U) = \dfrac{1}{RC} \cdot (U_0 - U)$.

Ein BASIC-Programm nach diesem Schema zeigt Tabelle 27. In den Zeilen 100 ... 140 werden die benötigten Werte eingegeben und die Anfangswerte festgelegt. Jeweils nach Ablauf des mit DT bezeichneten Zeitintervalls druckt der Rechner die Zeit und die Spannung am Kondensator aus; zur genaueren Berechnung kann das Zeitintervall noch in N Zwischenschritte zerlegt werden. In der Zeile 200 geschieht die Definition der Funktion f(U). In Zeile 300 wird die Zeit und die Spannung ausgegeben. Die Zeilen 310 bis 330 dienen zur Berechnung von N neuen Werten für die Zeit T und die Spannung U; anschließend erfolgt ein Rücksprung zur Zeile 300 mit dem Druckbefehl. Das Programm läuft so lange weiter, bis man es von Hand über die Stop-Taste abbricht.

```
100 PRINT: PRINT TAB(10)"RC-GLIED": PRINT
110 INPUT "WIDERSTAND, KAPAZITAET"; R,C
120 INPUT "LADESPANNUNG, ANFANGSSPANNUNG"; U0,U
130 INPUT "ZEITINTERVALL, SCHRITTZAHL"; DT,N
140 PRINT: T=0: DT=DT/N
200 DEFFN F(U)=(U0-U)/R/C
300 PRINT "T="; T; TAB(20)"U="; U
310 FOR L=1 TO N
320 U=U+FNF(U)*DT
330 T=T+DT: NEXT L: GOTO 300
```
```
320 U1=U+FNF(U)*DT/2: U=U+FNF(U1)*DT
```

Tabelle 27

Beispiel 4.2: *Verfahren mit verbesserter Genauigkeit*
Eine wesentliche Ungenauigkeit des beschriebenen Verfahrens besteht darin, daß zur Berechnung der Spannung U_{n+1} der Momentanwert U_n am Anfang des Zeitintervalls verwendet wird. Die Genauigkeit läßt sich stark verbessern, wenn man zunächst einen Näherungswert U_n in der Mitte des Zeitintervalls ermittelt und diesen für die Berechnung von U_{n+1} zugrunde legt. Dadurch ergibt sich

folgende Änderungen im Ablaufschema:

b) $\quad \overline{U}_n = U_n + f(U_n) \cdot \frac{\Delta t}{2}$ $\qquad$ (n=1,2,...)

$\quad U_{n+1} = U_n + f(\overline{U}_n) \cdot \Delta t$

$\quad t_{n+1} = t_n + \Delta t$

mit $\quad f(U) = \frac{1}{RC} \cdot (U_o - U)$.

Zur Verwirklichung dieser Verbesserung muß im BASIC-Programm in Tabelle 27 nur die Zeile 320 durch die am Ende der Tabelle angegebene Fassung ersetzt werden.

000	76	LBL	027	08	08	052	43	RCL	078	07	07
001	11	A	028	92	RTN	053	03	03	079	54	)
002	42	STO				054	99	PRT	080	44	SUM
003	06	06	029	76	LBL	055	43	RCL	081	03	03
004	91	R/S	030	16	A'	056	01	01	082	97	DSZ
005	42	STO	031	98	ADV	057	42	STO	083	00	00
006	05	05	032	25	CLR	058	00	00	084	28	LOG
007	92	RTN	033	42	STO				085	61	GTO
008	76	LBL	034	07	07	059	76	LBL	086	23	LNX
009	12	B	035	06	6	060	28	LOG			
010	42	STO	036	42	STO	061	53	(	087	76	LBL
011	04	04	037	00	00	062	53	(	088	15	E
012	91	R/S	038	76	LBL	063	43	RCL	089	53	(
013	42	STO	039	99	PRT	064	03	03	090	53	(
014	03	03	040	73	RC*	065	85	+	091	94	+/-
015	92	RTN	041	00	00	066	15	E	092	85	+
016	76	LBL	042	99	PRT	067	65	×	093	43	RCL
017	13	C	043	97	DSZ	068	43	RCL	094	04	04
018	42	STO	044	00	00	069	08	08	095	54	)
019	02	02	045	99	PRT	070	55	÷	096	55	÷
020	42	STO				071	02	2	097	43	RCL
021	08	08	046	76	LBL	072	54	)	098	06	06
022	91	R/S	047	23	LNX	073	15	E	099	55	÷
023	42	STO	048	98	ADV	074	65	×	100	43	RCL
024	01	01	049	43	RCL	075	43	RCL	101	05	05
025	22	INV	050	07	07	076	08	08	102	54	)
026	49	PRD	051	99	PRT	077	44	SUM	103	92	RTN

<u>Tabelle 28</u>

Bei dem in Tabelle 28 abgegebenen, entsprechenden Programm für die Rechner TI-59 und TI-58 ist die Verbesserung bereits verwirklicht. Über das Label A werden der Widerstand R in Ohm und die Kapazität C in Farad, über das Label B die Ladespannung U_o und die Anfangsspannung U_1 und über das Label C das Zeitintervall Δt zwischen zwei Ausdrucken und die Schrittzahl eingegeben. Die Funktion $f(U)$ wird durch das Unterprogramm mit dem Label E definiert.

Tabelle 29 gibt einen Genauigkeitsvergleich der beiden Verfahren. Ein vollkommen entladener Kondensator der Kapazität $C = 1\ \mu F$ wird über einen Widerstand des Wertes $R = 1\ M\Omega$ an eine Spannungsquelle der Spannung $U_o = 10\ V$ angeschlossen. Jeweils nach 0,2 Sekunden wird der nach der ersten Methode, der nach der zweiten Methode und der exakt nach der Lösungsgleichung

$$U = U_o \cdot (1 - e^{-\frac{t}{RC}})$$

berechnete Wert der Kondensatorspannung ausgedruckt. Bei den ersten drei Spalten werden zwischen zwei Ausdrucken je 10 Zwischenwerte, bei den folgenden Spalten nur 5 Zwischenwerte berechnet. Man erkennt, daß das zweite Verfahren auch bei nur der halben Zahl von Zwischenwerten noch wesentlich bessere Ergebnisse liefert als das erste.

1.000000			1.000000		
1.000000			1.000000		
10.000000			10.000000		
0.000000			0.000000		
0.200000			0.200000		
10.000000			5.000000		
0.000000	0.600000	1.200000	0.000000	0.600000	1.200000
0.000000	4.557233	7.058397	0.000000	4.603039	7.129658
0.000000	4.511661	6.987813	0.000000	4.510979	6.987065
0.000000	4.511884	6.988058	0.000000	4.511884	6.988058
0.200000	0.800000	1.400000	0.200000	0.800000	1.400000
1.830891	5.562088	7.609896	1.849227	5.618084	7.686818
1.812582	5.506467	7.533797	1.812242	5.505722	7.533081
1.812692	5.506710	7.534030	1.812692	5.506710	7.534030
0.400000	1.000000	1.600000	0.400000	1.000000	1.600000
3.329917	6.384805	8.061431	3.363329	6.449178	8.143007
3.296618	6.320957	7.980816	3.296063	6.320195	7.980147
3.296800	6.321206	7.981035	3.296800	6.321206	7.981035

Tabelle 29

Beispiel 4.3: *RC-Glied an Wechselspannung*
Bei den beiden ersten Beispielen wurde die Spannung U_o als konstant angenommen. Beide Näherungsverfahren lassen sich ohne wesentliche Änderung auch dann anwenden, wenn die Funktion f auch noch einen direkt zeitabhängigen Teil besitzt. Ein Beispiel hierfür ist die numerische Berechnung des Spannungsverlaufs an einem

```
100 PRINT: PRINT TAB(10)"RC-GLIED": PRINT
110 INPUT "WIDERSTAND, KAPAZITAET"; R,C
120 INPUT "SPITZENSPANNUNG, FREQUENZ"; US,F
130 INPUT "ZEITINTERVALL, SCHRITTZAHL"; DT,N
140 PRINT: T=0: DT=DT/N: U=0
200 DEFFN U0(T)=US*SIN(2*π*F*T)
210 DEFFN F(U)=(FNU0(T+DT/2)-U)/R/C
300 PRINT "T="; T; TAB(20)"U0="; FNU0(T): PRINT TAB(20) "U ="; U: PRINT
310 FOR L=1 TO N
320 U1=U+FNF(U)*DT/2: U=U+FNF(U1)*DT
330 T=T+DT: NEXT L: GOTO 300
```

Tabelle 30

000	76	LBL	036	09	09	071	09	09	107	05	05
001	11	A	037	42	STD	072	85	+	108	54	)
002	42	STD	038	10	10	073	15	E	109	92	RTN
003	06	06	039	06	6	074	65	×			
004	91	R/S	040	42	STD	075	43	RCL	110	76	LBL
005	42	STD	041	00	00	076	08	08	111	14	D
006	05	05	042	76	LBL	077	55	÷	112	70	RAD
007	92	RTN	043	99	PRT	078	02	2	113	53	(
008	76	LBL	044	73	RC*	079	54	)	114	43	RCL
009	12	B	045	00	00	080	15	E	115	04	04
010	42	STD	046	99	PRT	081	65	×	116	65	×
011	04	04	047	97	DSZ	082	43	RCL	117	53	(
012	91	R/S	048	00	00	083	08	08	118	53	(
013	42	STD	049	99	PRT	084	44	SUM	119	43	RCL
014	03	03				085	07	07	120	07	07
015	92	RTN	050	76	LBL	086	54	)	121	85	+
016	76	LBL	051	23	LNX	087	44	SUM	122	43	RCL
017	13	C	052	98	ADV	088	09	09	123	08	08
018	42	STD	053	43	RCL	089	97	DSZ	124	55	÷
019	02	02	054	07	07	090	00	00	125	02	2
020	42	STD	055	99	PRT	091	28	LOG	126	54	)
021	08	08	056	43	RCL	092	61	GTO	127	65	×
022	91	R/S	057	10	10	093	23	LNX	128	02	2
023	42	STD	058	99	PRT				129	65	×
024	01	01	059	43	RCL	094	76	LBL	130	89	π
025	22	INV	060	09	09	095	15	E	131	65	×
026	49	PRD	061	99	PRT	096	53	(	132	43	RCL
027	08	08	062	43	RCL	097	53	(	133	03	03
028	92	RTN	063	01	01	098	94	+/-	134	54	)
			064	42	STD	099	85	+	135	38	SIN
029	76	LBL	065	00	00	100	14	D	136	54	)
030	16	A'				101	54	)	137	42	STD
031	98	ADV	066	76	LBL	102	55	÷	138	10	10
032	25	CLR	067	28	LOG	103	43	RCL	139	92	RTN
033	42	STD	068	53	(	104	06	06			
034	07	07	069	53	(	105	55	÷			
035	42	STD	070	43	RCL	106	43	RCL			

Tabelle 31

67

Kondensator, der über einen ohmschen Widerstand an eine Wechselspannung angeschlossen ist. Auch dieses Beispiel dient vor allem der Erläuterung des Prinzips; eine exakte Lösung des Problems ist ohne großen mathematischen Aufwand ebenfalls möglich.

Tabelle 30 zeigt ein BASIC-Programm nach dem genaueren numerischen Verfahren; das entsprechende Programm für die Rechner TI-59 und TI-58 zeigt Tabelle 31. Das Programm entspricht weitgehend dem in Tabelle 28 dargestellten. Über das Adreßlabel B wird jedoch beim Programm nach Tabelle 31 die Spitzenspannung $\hat{U}$ in V und die Frequenz f in Hz eingegeben.

4.3 Differentialgleichungen zweiter Ordnung der Form $\ddot{x} = f(x,t)$

Für die meisten in der Schulphysik auftretenden Differentialgleichungen erster Ordnung ist es bei Kenntnis der Exponentialfunktion noch ohne große Mühe möglich, eine geschlossene Lösungsfunktion zu finden. Dagegen führen viele relativ einfache physikalische Probleme zu Differentialgleichungen zweiter Ordnung, die mit Mitteln der Schulmathematik nur noch sehr schwierig oder gar nicht mehr geschlossen lösbar sind. Beispiele hierfür sind der Fall mit Luftreibung, Schwingungen eines Fadenpendels bei größerer Amplitude, gedämpfte oder erzwungene mechanische oder elektrische Schwingungen, Bewegungen in inhomogenen Gravitationsfeldern, Lösung der *Schrödinger*-Gleichung u.a.

Besonders einfach gestaltet sich das numerische Lösungsverfahren für Differentialgleichungen zweiter Ordnung, wenn die zweite Ableitung einer zeitlich veränderlichen physikalischen Größe nach der Zeit von der Größe selbst und vielleicht außerdem noch direkt von der Zeit abhängt, nicht aber von der ersten Ableitung der Größe nach der Zeit. Die Differentialgleichung hat dann die Form $\ddot{x} = f(x,t)$. Das Grundprinzip des Lösungsverfahrens zeigt die Schrittfolge:

a) Eingabe der Anfangswerte x_1 und $\dot{x}_1$ für die Größe und die Ableitung; $t_1 = 0$.

b) Berechnung von
$$x_{n+1} = x_n + \dot{x}_n \cdot \Delta t \qquad (n=1,2,\ldots)$$
$$\dot{x}_{n+1} = \dot{x}_n + f(\dot{x}_n, t_n) \cdot \Delta t$$
$$t_{n+1} = t_n + \Delta t \ .$$

Dieses Lösungsverfahren hat nun allerdings die gleichen Nachteile wie das erste Lösungsverfahren für Differentialgleichungen erster Ordnung. Die Genauigkeit läßt sich aber dadurch wesentlich erhöhen, daß man die Zeitpunkte, für die der Wert der Größe und der Wert der Ableitung berechnet werden, um die Hälfte des Zeitintervalls Δt gegeneinander versetzt. Das Ablaufschema ändert sich dann wie folgt:

b) Berechnung von $\quad \dot{x}_1 = \dot{x}_1 + \frac{1}{2} f(x_1, t_1) \cdot \Delta t$

c) Berechnung von $\quad x_{n+1} = x_n + \dot{x}_n \cdot \Delta t \qquad (n=1,2,\ldots)$

$\qquad\qquad\qquad\qquad t_{n+1} = t_n + \Delta t$

$\qquad\qquad\qquad\qquad \dot{x}_{n+1} = \dot{x}_n + f(x_{n+1}, t_{n+1}) \cdot \Delta t$.

Auf diese Weise wird sowohl für die Berechnung des neuen x-Wertes der Wert von $\dot{x}$ als auch für die Berechnung des neuen Wertes von $\dot{x}$ der Wert von x jeweils in der Mitte des betreffenden Zeitintervalls zugrundegelegt. Das Verfahren entspricht damit in der Genauigkeit dem zweiten Verfahren bei der numerischen Lösung von Differentialgleichungen erster Ordnung.

Beispiel 4.4: *Harmonische Schwingung und Schwingung eines mathematischen Pendels*
Bei dem in Tabelle 32 angegebenen Programm zur numerischen Lösung der Differentialgleichung eines Federpendels

$$\ddot{s} = -\frac{D}{m} \cdot s \qquad (D: \text{Federkonstante}; \; m: \text{Masse}; \; s: \text{Auslenkung})$$

wurde das Schema mit versetzten Zeitintervallen zugrundegelegt.

```
100 PRINT: PRINT TAB(10)"FEDERPENDEL": PRINT
110 INPUT "FEDERKONSTANTE, MASSE"; D,M
120 INPUT "ANFANGSWERTE S0,V0"; S,V
130 INPUT "ZEITINTERVALL, SCHRITTZAHL"; DT,N: T=0: DT=DT/N
200 DEFFN A(S)=-D/M*S
210 V=V+FNA(S)*DT/2
300 PRINT: PRINT "T="; T; TAB(20) "S="; S
310 PRINT "T="; T+DT/2; TAB(20) "V="; V: PRINT
320 FOR K=1 TO N: S=S+V*DT
330 T=T+DT: V=V+FNA(S)*DT: NEXT K: GOTO 300
```

Tabelle 32

In den übrigen Einzelheiten entspricht das Programm dem Beispiel
4.1. Tabelle 33 zeigt ein entsprechend aufgebautes Programm für
die Rechner TI-59 und TI-58. Über das Label A werden die Federkonstante D in kg·s^{-2} und die Masse m in kg, über das Label B
die Anfangswerte für die Auslenkung s in m und die Geschwindigkeit v in m s^{-1} und über das Label C das Zeitintervall zwischen
zwei Ausdrucken Δt in s und die Schrittzahl eingegeben; die Rechnung wird wieder über das Label A' gestartet.

000	76	LBL		029	76	LBL		057	76	LBL		086	65	×
001	11	A		030	16	A'		058	23	LNX		087	43	RCL
002	42	STO		031	98	ADV		059	98	ADV		088	08	08
003	06	06		032	95	=		060	43	RCL		089	44	SUM
004	91	R/S		033	06	6		061	07	07		090	07	07
005	42	STO		034	42	STO		062	99	PRT		091	54	)
006	05	05		035	00	00		063	43	RCL		092	44	SUM
007	92	RTN		036	76	LBL		064	04	04		093	03	03
008	76	LBL		037	99	PRT		065	99	PRT		094	97	DSZ
009	12	B		038	73	RC*		066	43	RCL		095	00	00
010	42	STO		039	00	00		067	03	03		096	28	LOG
011	04	04		040	99	PRT		068	99	PRT		097	61	GTO
012	91	R/S		041	97	DSZ		069	43	RCL		098	23	LNX
013	42	STO		042	00	00		070	01	01				
014	03	03		043	99	PRT		071	42	STO		099	76	LBL
015	92	RTN						072	00	00		100	15	E
016	76	LBL		044	00	0						101	53	(
017	13	C		045	42	STO		073	76	LBL		102	43	RCL
018	42	STO		046	07	07		074	28	LOG		103	06	06
019	02	02		047	53	(		075	53	(		104	55	÷
020	42	STO		048	15	E		076	43	RCL		105	43	RCL
021	08	08		049	65	×		077	03	03		106	05	05
022	91	R/S		050	43	RCL		078	65	×		107	65	×
023	42	STO		051	08	08		079	43	RCL		108	43	RCL
024	01	01		052	55	÷		080	08	08		109	04	04
025	22	INV		053	02	2		081	54	)		110	54	)
026	49	PRD		054	54	)		082	44	SUM		111	94	+/-
027	08	08		055	44	SUM		083	04	04		112	92	RTN
028	92	RTN		056	03	03		084	53	(				
								085	15	E				

Tabelle 33

Zur Untersuchung der Genauigkeit des Verfahrens wurde während
einer halben Periode einer Schwingung der Dauer 4 s die jeweils
berechnete Auslenkung mit dem mittels der Lösungsfunktion
$s = \hat{s} \cdot \sin(\sqrt{\frac{D}{m}} \cdot t)$ errechneten exakten Wert verglichen. Das Ergebnis des Vergleichs ist in Tabelle 34 für Zeitintervall von
0,2 s dargestellt. Im ersten Fall wurden je 10, im zweiten Fall
je 20 Zwischenwerte berechnet, so daß auf eine ganze Schwingungs-

9.869604		9.869604	
4.000000		4.000000	
1.000000		1.000000	
0.000000		0.000000	
0.200000		0.200000	
10.000000		20.000000	
0.200000	1.200000	0.200000	1.200000
0.951053	-0.309091	0.951056	-0.309035
0.951057	-0.309017	0.951057	-0.309017
0.400000	1.400000	0.400000	1.400000
0.809002	-0.587858	0.809013	-0.587804
0.809017	-0.587785	0.809017	-0.587785
0.600000	1.600000	0.600000	1.600000
0.587754	-0.809078	0.587777	-0.809032
0.587785	-0.809017	0.587785	-0.809017
0.800000	1.800000	0.800000	1.800000
0.308968	-0.951092	0.309005	-0.951065
0.309017	-0.951057	0.309017	-0.951057
1.000000	2.000000	1.000000	2.000000
-0.000065	-1.000000	-0.000016	-1.000000
0.000000	-1.000000	0.000000	-1.000000

Tabelle 34

dauer 100 bzw. 200 berechnete Werte fallen würden. Die Genauigkeit ist überraschend hoch; die Abweichungen liegen in beiden Fällen immer unter $10^{-5} \cdot s$.
Die Differentialgleichung eines Federpendels ist auch mit den Mitteln der Schulmathematik noch geschlossen lösbar. Anders ist dies aber bereits bei der Differentialgleichung eines (mathematischen) Fadenpendels

$$\ddot{s} = -g \cdot \sin \frac{s}{l}, \text{ (}s\text{: Auslenkung auf Kreisbogen, } l\text{: Pendelleänge)}$$

für die nur bei kleinen Auslenkungen eine näherungsweise geschlossene Lösung möglich ist. Eine numerische Lösung dieser Differentialgleichung auch für größere Auslenkungen erhält man, wenn im Programm in Tabelle 32 die Zeilen 100, 110 und 200 entsprechend der Tabelle 35 geändert werden. Beim Programm in Tabelle 33 ist nur das Unterprogramm mit dem Label E zu ändern (Tab. 36). Über das Label A werden dann die Pendellänge und die Erdbeschleunigung eingegeben.

```
100 PRINT: PRINT TAB(10)"FADENPENDEL": PRINT
110 INPUT "PENDELLAENGE, ERDBESCHLEUNIGUNG"; L,G
120 INPUT "ANFANGSWERTE S0,V0"; S,V
130 INPUT "ZEITINTERVALL, SCHRITTZAHL"; DT,N: T=0: DT=DT/N
200 DEFFN A(S)=-G*SIN(S/L)
210 V=V+FNA(S)*DT/2
300 PRINT: PRINT "T="; T; TAB(20) "S="; S
310 PRINT "T="; T+DT/2; TAB(20) "V="; V: PRINT
320 FOR K=1 TO N: S=S+V*DT
330 T=T+DT: V=V+FNA(S)*DT: NEXT K: GOTO 300
```

Tabelle 35

099	76	LBL	108	55	÷
100	15	E	109	43	RCL
101	53	(	110	06	06
102	43	RCL	111	54	)
103	05	05	112	38	SIN
104	65	×	113	54	)
105	53	(	114	94	+/-
106	43	RCL	115	92	RTN
107	04	04			

Tabelle 36

Beispiel 4.5: *Bewegung im radialsymmetrischen Gravitationsfeld*
Bei jeder Bewegung in einem inhomogenen Feld hängt die Beschleunigung, die ein Körper erfährt, also die zweite Ableitung des Ortes nach der Zeit, vom Ort des Körpers ab. Deshalb können nach dem angegebenen Schema alle Bewegungen von Probekörpern in inhomogenen Feldern numerisch analysiert werden, wenn eine Gleichung für die Beschleunigung in Abhängigkeit vom Ort angegeben werden kann. Hierzu gehört z.B. auch die Bewegung eines Körpers in einem radialsymmetrischen Gravitationsfeld, also in einem Bereich, wo man davon ausgehen kann, daß nur die Anziehungskraft eines einzigen Sterns auf ihn wirkt. Dieses Problem kann ohne Beschränkung der Allgemeinheit zweidimensional behandelt werden, da sich die ganze Bewegung in der Ebene abspielt, die durch die Verbindungsgerade durch den Körper und die Mitte des Sterns und den Geschwindigkeitsvektor des Körpers relativ zum ruhenden Stern aufgespannt wird. Diese Ebene ändert ihre Lage im Raum nicht.

```
100 PRINT: PRINT "BEWEGUNG IM GRAVITATIONSFELD": PRINT
110 INPUT "ZENTRALMASSE"; M: FM=M*6.67E-11
120 INPUT "RADIUS"; R0
130 INPUT "STARTHOEHE"; H: Y=R0+H: X=0: R=Y
140 INPUT "GESCHWINDIGKEITSKOMPONENTEN"; VX, VY
150 INPUT "ZEITINTERVALL, SCHRITTZAHL"; DT, N: PRINT
160 DT=DT/N: T=0
200 DEFFN A(X)=-FM/R↑3*X
210 VY=VY+FNA(Y)*DT/2
300 GOSUB 400
310 FOR L=1 TO N: X1=X: X=X+VX*DT: Y=Y+VY*DT
320 R=SQR(X*X+Y*Y): H=R-R0: T=T+DT
330 VX=VX+FNA(X)*DT: VY=VY+FNA(Y)*DT
340 IF H<=0 THEN 500
350 IF X*X1<0 AND F=0 THEN F=1: GOTO 370
360 IF X*X1<=0 AND F=1 THEN F=0: GOTO 510
370 NEXT L: GOTO 300
400 PRINT "T="; T; TAB(20) "H="; H
410 PRINT "X="; X; TAB(20) "Y="; Y: PRINT
420 PRINT "T="; T+DT/2; TAB(20) "V="; SQR(VX*VX+VY*VY)
430 PRINT "VX="; VX; TAB(20) "VY="; VY: PRINT: RETURN
500 GOSUB 400: PRINT "FLUG BEENDET": GOTO 520
510 GOSUB 400: PRINT "VOLLER UMLAUF"
520 F=0 : END
```

Tabelle 37

Ein BASIC-Programm für die numerische Berechnung von Bewegungsabläufen im Gravitationsfeld eines beliebigen Himmelskörpers zeigt Tabelle 37. Die rechtwinkligen Koordinaten werden so festgelegt, daß der Koordinatenursprung im Mittelpunkt des Zentralgestirns liegt; der Startpunkt für die Bewegung liegt auf der y-Achse (x = 0 beim Start). Die Anfangsgeschwindigkeit kann eine beliebige Richtung haben.
Der Beschleunigungsvektor im radialsymmetrischen Gravitationsfeld berechnet sich zu

$$\vec{a} = - f \cdot m \cdot \frac{\vec{r}}{r^3} \qquad \text{mit} \qquad r = |\vec{r}| = \sqrt{x^2 + y^2} \; ;$$

dabei ist f die Gravitationskonstante, m die Masse des Zentralgestirns und $\vec{r} = \binom{x}{y}$ der Ortsvektor des bewegten Körpers.
Die Berechnung des Orts in Abhängigkeit von der Zeit erfolgt für beide Koordinaten x und y getrennt nach gleichen Verfahren wie im vorangehenden Beispiel; es gilt

$$\ddot{x} = - f \cdot m \cdot \frac{x}{r^3} \qquad \text{und} \qquad \ddot{y} = - f \cdot m \cdot \frac{y}{r^3} \; .$$

Tabelle 38

Step	Code	Key		Step	Code	Key		Step	Code	Key		Step	Code	Key		Step	Code	Key		Step	Code	Key
000	76	LBL		044	07	07		087	44	SUM		128	05	05		171	22	INV		213	11	11
001	11	A		045	92	RTN		088	07	07		129	33	X²		172	77	GE		214	85	+
002	53	(		046	76	LBL		089	76	LBL		130	34	⌠x		173	33	X²		215	43	RCL
003	42	STO		047	15	E		090	99	PRT		131	54	)		174	76	LBL		216	09	09
004	01	01		048	42	STO		091	19	D'		132	42	STO		175	97	DSZ		217	55	÷
005	65	×		049	09	09		092	43	RCL		133	08	08		176	97	DSZ		218	02	2
006	93	.		050	91	R/S		093	42	STO		134	43	RCL		177	00	00		219	54	)
007	06	6		051	42	STO		094	42	STO		135	04	04		178	23	LNX		220	99	PRT
008	07	7		052	10	10		095	00	00		136	10	E'		179	00	00		221	53	(
009	52	EE		053	22	INV		096	76	LBL		137	65	×		180	99	PRT		222	43	RCL
010	94	+/-		054	49	PRD		097	76	LBL		138	43	RCL		181	76	LBL		223	06	06
011	01	1		055	09	09		098	23	LNX		139	09	09		182	33	X²		224	85	+
012	01	1		056	92	RTN		099	43	RCL		140	54	)		183	87	IFF		225	43	RCL
013	54	)		057	76	LBL		100	04	04		141	44	SUM		184	01	01		226	07	07
014	42	STO		058	16	A'		101	12	B		142	06	06		185	01	01		227	33	X²
015	02	02		059	98	ADV		102	53	(		143	43	RCL		186	89	D'		228	85	+
016	92	RTN		060	43	RCL		103	42	STO		144	06	06		187	01	01		229	43	RCL
017	76	LBL		061	01	01		104	53	(		145	53	(		188	61	GTO		230	34	⌠x
018	12	B		062	99	PRT		105	43	RCL		146	43	RCL		189	97	DSZ		231	54	)
019	42	STO		063	43	RCL		106	06	06		147	10	E'		190	76	LBL		232	99	PRT
020	03	03		064	03	03		107	65	×		148	65	×		191	19	D'		233	06	06
021	76	LBL		065	98	ADV		108	43	RCL		149	43	RCL		192	98	ADV		234	99	PRT
022	13	C		066	99	PRT		109	09	09		150	09	09		193	43	RCL		235	07	07
023	53	(		067	43	RCL		110	54	)		151	54	)		194	11	11		236	99	PRT
024	24	CE		068	10	E'		111	44	SUM		152	44	SUM		195	11	11		237	99	PRT
025	85	+		069	98	ADV		112	04	04		153	07	07		196	53	(		238	98	ADV
026	43	RCL		070	10	E'		113	43	RCL		154	53	(		197	43	RCL		239	92	RTN
027	03	03		071	22	INV		114	09	09		155	43	RCL		198	08	08		240	81	RST
028	54	)		072	86	STF		115	44	SUM		156	43	RCL		199	75	−		241	76	LBL
029	42	STO		073	01	01		116	07	07		157	75	−		200	43	RCL		242	10	E'
030	05	05		074	25	CLR		117	65	×		158	43	RCL		201	03	03		243	53	(
031	42	STO		075	42	STO		118	43	RCL		159	54	)		202	54	)		244	24	CE
032	08	08		076	04	04		119	09	09		160	09	09		203	99	PRT		245	65	×
033	25	CLR		077	53	(		120	44	SUM		161	22	INV		204	43	RCL		246	43	RCL
034	42	STO		078	43	RCL		121	05	05		162	77	GE		205	04	04		247	02	02
035	04	04		079	10	E'		122	22	INV		163	19	D'		206	99	PRT		248	55	÷
036	92	RTN		080	65	×		123	53	(		164	53	(		207	43	RCL		249	43	RCL
037	76	LBL		081	43	RCL		124	43	RCL		165	43	RCL		208	05	05		250	08	08
038	14	D		082	09	09		125	33	X²		166	04	04		209	99	PRT		251	54	)
039	42	STO		083	55	÷		126	85	+		167	65	×		210	98	ADV		252	03	3
040	06	06		084	02	2		127	43	RCL		168	12	B		211	53	(		253	54	)
041	91	R/S		085	54	)						169	12	B		212	43	RCL		254	94	+/-
042	42	STO		086	54	)						170	54	)						255	92	RTN
043	?	?																			

Während im letzten Beispiel die Rechnung nur von Hand wieder angehalten werden konnte, wird in diesem Beispiel die Rechnung unterbrochen, wenn entweder der Körper auf seinem Flug die Oberfläche des Zentralgestirns erreicht (Zeile 340: "Flug beendet") oder wenn er einen vollen Umlauf um das Zentralgestirn vollendet hat ("voller Umlauf"). Dies erkennt man daran, daß sich das Vorzeichen der Ortskoordinate x zum zweiten Mal ändert (Zeilen 350 und 351). Jeweils am Ende des Zeitintervalls und am Ende des Flugs bzw. Umlaufs werden die Zeit t, die Ortskoordinaten und die Höhe des Körpers über der Oberfläche des Zentralgestirns und anschließend, um die Hälfte eines Zeitschritts versetzt, die Komponenten und der Betrag der Momentangeschwindigkeit angegeben. Mit dem Programm lassen sich mit guter Genauigkeit sowohl Wurfbewegungen in der Nähe der Oberfläche des Zentralgestirns, als auch Bewegungen auf Ellipsenbahnen um das Zentralgestirn sowie Fluchtbewegungen auf Hyperbelbahnen untersuchen.

Ein entsprechendes Programm für den Rechner TI-59 zeigt Tabelle 38 (S. 76). Beim Rechner TI-58 muß vor der Eingabe des Programms mit der Funktion (OP 17) die Verteilung der Speicherplätze geändert werden. Über das Label A wird die Masse m des Zentralgestirns in kg, über B dessen Radius r in m, über C die Starthöhe über der Oberfläche des Zentralgestirns, über D die Komponenten v_x und v_y der Anfangsgeschwindigkeit in m·s^{-1} und über E das Zeitintervall Δt zwischen zwei Ausdrucken in s und die Schrittzahl. eingegeben; gestartet wird die Rechnung wieder über das Label A'.

4.4 Differentialgleichungen zweiter Ordnung der Form $\ddot{x} = f(\dot{x},x,t)$

Das einfache Verfahren, zur Erhöhung der Genauigkeit die Stützstellen für die Berechnung der Werte von x und $\dot{x}$ um einen halben Zeitschritt zu versetzen, läßt sich auch dann noch anwenden, wenn die zweite Ableitung $\ddot{x}$ außerdem noch vom Momentanwert der ersten Ableitung $\dot{x}$ abhängt, wie dies z.B. bei einer gedämpften Schwingung oder bei einer Bewegung mit Luftwiderstand der Fall ist. Ein zusätzlicher Fehler entsteht dann allerdings dadurch, daß für die Berechnung von $\ddot{x}$ in ein und derselben Gleichung Werte für x und $\dot{x}$ verwendet werden, die gar nicht zum gleichen Zeitpunkt gelten. Ob dieser Fehler von Bedeutung ist, hängt davon ab, in welchem Maße der Momentanwert der Ableitung $\dot{x}$ den Wert von $\ddot{x}$ mitbestimmt, und ob sich der Wert von $\dot{x}$ rasch ändert. Gegebenenfalls ist eine Korrektur dieses Fehlers nötig. Diese kann z.B. durch eine Kombination der Methode der versetzten Stützstellen mit dem für Differentialgleichungen erster Ordnung angegebenen Verfahren erfolgen:

$$\ddot{x}_1 = \dot{x}_1 + f(\dot{x}_1, x_1, t_1) \cdot \frac{\Delta t}{2}$$

$$x_{n+1} = x_n + \dot{x}_n \cdot \Delta t \qquad\qquad (n=1,2,\ldots)$$

$$t_{n+1} = t_n + \Delta t$$

$$\dot{x}_{n+1} = \dot{x}_n + f(\dot{x}_n, x_{n+1}, t_{n+1}) \cdot \frac{\Delta t}{2}$$

$$\ddot{x}_{n+1} = \ddot{x}_n + f(\dot{x}_{n+1}, x_{n+1}, t_{n+1}) \cdot \Delta t \ .$$

Beispiel 4.6: *Gedämpfte elektrische Schwingung*

```
100 PRINT: PRINT "GEDAEMPFTE ELEKTRISCHE SCHWINGUNG": PRINT
110 INPUT "INDUKTIVITAET L=";L
120 INPUT "KAPAZITAET C=";C
130 INPUT "WIDERSTAND R=";R
140 INPUT "ANFANGSSPANNUNG U0=";U
150 INPUT "ZEITINTERVALL, SCHRITTZAHL";DT,N
160 PRINT: T=0: DT=DT/N: V=0
200 DEFFN F(V)=-U/L/C-V/L*R
210 V=V+FNF(V)*DT/2
300 PRINT "T=";T; TAB(20) "U=";U
310 FOR I=1TO N: U=U+V*DT: T=T+DT
320 V1=V+FNF(V)*DT/2: V=V+FNF(V1)*DT: NEXT I
330 GOTO 300
```

Tabelle 39

Bei dem in Tabelle 39 dargestellten BASIC-Programm ist bei versetzten Zeitschritten (Zeile 210) außerdem obige Korrektur verwirklicht (Zeile 320), so daß auch starke, ja überkritische Dämpfungen zulässig sind, ohne daß sich dadurch die Genauigkeit verringert. Zum Zeitpunkt $t = 0$ wird der auf die Anfangsspannung U_0 aufgeladene Kondensator der Kapazität C über einen Widerstand des Wertes R mit einer Spule der Induktivität L verbunden. Für die Spannung am Kondensator gilt dann die Differentialgleichung:

$$\ddot{U} = -\frac{R}{L} \cdot \dot{U} - \frac{1}{LC} \cdot U \ .$$

Für $\hat{U}$ wird im Programm die Bezeichnung V verwendet. Tabelle 40 zeigt ein entsprechendes Programm für die Rechner TI-59 und TI-58. Die Labels A-E und E' dienen zur Eingabe der Größen Induktivität L in H, Kapazität C in F, Widerstand R in Ω, Anfangsspannung U_o in V, Zeitintervall Δt in s und Schrittzahl; die Ausrechnung wird mit dem Label A' begonnen.

000	76 LBL	034	25 CLR	068	99 PRT	102	43 RCL	
001	11 A	035	42 STO	069	98 ADV	103	09 09	
002	42 STO	036	07 07	070	43 RCL	104	54)	
003	01 01	037	42 STO	071	06 06	105	44 SUM	
004	92 RTN	038	08 08	072	42 STO	106	08 08	
005	76 LBL	039	53 (	073	00 00	107	97 DSZ	
006	12 B	040	43 RCL			108	00 00	
007	42 STO	041	05 05	074	76 LBL	109	33 X²	
008	02 02	042	55 ÷	075	33 X²	110	61 GTO	
009	92 RTN	043	43 RCL	076	53 (	111	28 LOG	
010	76 LBL	044	06 06	077	43 RCL			
011	13 C	045	54)	078	08 08	112	76 LBL	
012	42 STO	046	42 STO	079	65 ×	113	23 LNX	
013	03 03	047	09 09	080	43 RCL	114	53 (	
014	92 RTN	048	53 (	081	09 09	115	24 CE	
015	76 LBL	049	43 RCL	082	44 SUM	116	65 ×	
016	14 D	050	08 08	083	07 07	117	43 RCL	
017	42 STO	051	71 SBR	084	54)	118	03 03	
018	04 04	052	23 LNX	085	44 SUM	119	55 ÷	
019	92 RTN	053	65 ×	086	04 04	120	43 RCL	
020	76 LBL	054	43 RCL	087	53 (	121	01 01	
021	15 E	055	09 09	088	43 RCL	122	85 +	
022	42 STO	056	55 -	089	08 08	123	43 RCL	
023	05 05	057	02 2	090	85 +	124	04 04	
024	92 RTN	058	54)	091	71 SBR	125	55 ÷	
025	76 LBL	059	44 SUM	092	23 LNX	126	43 RCL	
026	10 E'	060	08 08	093	65 ×	127	01 01	
027	42 STO			094	43 RCL	128	55 -	
028	06 06	061	76 LBL	095	09 09	129	43 RCL	
029	92 RTN	062	28 LOG	096	55 ÷	130	02 02	
		063	43 RCL	097	02 2	131	54)	
030	76 LBL	064	07 07	098	54)	132	94 +/-	
031	16 A'	065	99 PRT	099	71 SBR	133	92 RTN	
032	98 ADV	066	43 RCL	100	23 LNX			
033	29 CP	067	04 04	101	65 ×			

Tabelle 40

5 Grafische Darstellung von Rechenergebnissen

5.1 Grafische Darstellung auf dem Bildschirm

Bislang wurden die Rechenergebnisse stets numerisch ausgegeben, wobei manchmal recht umfangreiche Wertetabellen entstanden sind. In vielen Fällen wäre eine grafische Darstellung der Ergebnisse informativer und praktischer gewesen.

Schon seit langem werden zu den meisten Tischrechnern (z.B. WANG 600, HP 9100 u.a.) passende Zeichengeräte, Plotter genannt, angeboten. Diese Plotter erlauben grafische Darstellungen hoher Qualität und großer Genauigkeit. Ihr entscheidender Nachteil ist aber, daß sie in der Anschaffung sehr teuer sind; ihr Preis übersteigt manchmal den des Rechners selbst. Es ist zumindest fraglich, ob die hohen Kosten für einen Plotter für Schulen gerechtfertigt sind.

Neuere Rechner mit Bildschirm-Anzeige erlauben meist auch eine einfachere grafische Darstellung von Rechenergebnissen auf dem Bildschirm. Die hierzu nötige Programmierung kann ohne Kenntnis der jeweiligen Maschinensprache in BASIC erfolgen. Die einzige Bedingung ist, daß die Maschine den Befehl "TAB" bzw. "SPC" versteht.

Sind auf dem Bildschirm in der Horizontalen N Positionen möglich (z.B. N = 40 bei CBM 3001, 4001 und N = 80 bei CBM 8001), so werden die Rechenergebnisse auf den Bereich $0 \leq y < N$ normiert. Durch die Befehlsfolge PRINT TAB (Y) "*" wird in der betreffenden Zeile an die Position, die dem ganzzahligen Anteil von y entspricht, das Zeichen * gesetzt (genau so gut kann jedes andere Zeichen zur Markierung der Punkte verwendet werden). Oftmals reicht die Genauigkeit dieses einfachen Verfahrens für eine grafische Darstellung aus.

Bei manchen Maschinen ist auch bei einer Programmierung in BASIC noch eine erhebliche Verbesserung der Genauigkeit der grafischen

Beispiel 5.2: *Aufwendiges Programm zur Darstellung explizit gegebener Funktionen*
Das in Tabelle 42 wiedergegebene Programm hat nicht nur durch die Verwendung von acht verschiedenen senkrechten Strichen innerhalb einer Position eine wesentlich höhere Auflösung für den y-Wert, sondern es zeichnet gleich auch die Koordinatenachsen ein, deren Position frei wählbar ist. Mit DX bzw. DY wird der Wert bezeichnet, den im ebenfalls frei wählbaren Maßstab der Abstand zwischen zwei + - Zeichen auf den Achsen darstellt. Ist der Maßstab so ungünstig gewählt, daß y-Werte links oder rechts aus dem Bildschirm hinausfallen würden, so deutet ein Pfeil am Bildrand in die entsprechende Richtung. Die darzustellende Funktion wird bei Zeile 500 beginnend in der Form $y = \ldots$ als Unterprogramm programmiert. Abb. 15 zeigt das Bild für $x \rightarrow y = \sin x$.

Beispiel 5.3: *Beugung am Spalt mit grafischer Darstellung*
Wie eine vereinfachte Version des grafischen Verfahrens nach Tabelle 42 mit einem numerischen Verfahren kombiniert werden kann, zeigt Tabelle 43. Der Maßstab in y-Richtung ist hier fest vorgegeben, da ja bereits im zugrundegelegten numerischen Verfahren die Amplitude im Maximum nullter Ordnung willkürlich zu 1 normiert wurde. Die beiden letzten Programme sind nicht ohne weiteres auf andere Maschinen übertragbar.

```
100 PRINT "⌂": PRINT TAB(15)"PLOTTER": PRINT
110 FOR L=1 TO 40: PRINT "=";: NEXT L: PRINT
120 INPUT "IST DIE FUNKTION PROGRAMMIERT"; B$: PRINT
130 IF B$="JA" THEN 200
140 PRINT "PROGRAMMIEREN SIE DIE FUNKTION BEI"
150 PRINT "SCHRITT 500 BEGINNEND UND BEENDEN SIE"
160 PRINT "DIESE MIT <RETURN>": END
200 PRINT "X-ACHSE VERTIKAL"
210 INPUT "POSITION DER X-ACHSE"; PO: PO=INT(PO)+.5
220 INPUT "EINHEIT AUF DER X-ACHSE"; DX: DX=ABS(DX)
230 INPUT "EINHEIT AUF DER Y-ACHSE"; DY: DY=ABS(DY)
240 INPUT "X-INTERVALL VON - BIS"; X,XE: X=INT(X/DX)*DX
250 PRINT "⌂": PRINT "MASSTAB DX=";DX;" DY=";DY: PRINT
300 IF X>XE THEN PRINT TAB(PO)"X": END
310 IF ABS(X)>DX/2 THEN 400
320 FOR K=1 TO 38: PRINT "+";: NEXT K: PRINT "Y⌂"
400 GOSUB 500
410 Y=Y/DY: Y=Y+PO: FR=(Y-INT(Y))*8
420 DATA "|","|","|","|","|","|","|","|"
430 FOR L=0 TO FR: READ A$: NEXT L: RESTORE
440 PRINT TAB(PO)"+⌂"
450 IF Y<0 THEN PRINT "<": GOTO 480
460 IF Y>=39 THEN PRINT TAB(38)">": GOTO 480
470 PRINT TAB(Y)A$
480 X=X+DX: GOTO 300
500 Y=SIN(X): RETURN
```

Tabelle 42

```
100 PRINT "⌂": PRINT TAB(10) "BEUGUNG AM SPALT": PRINT
110 FOR I=1 TO 40: PRINT "=";: NEXT I: PRINT
120 INPUT "BREITE DES SPALTS"; B
130 INPUT "LICHTWELLENLAENGE"; L
140 INPUT "WINKELINTERVALL IN GRAD"; A, AE: X=A*π/180: XE=AE*π/180
150 INPUT "WINKELSCHRITT IN GRAD"; DA: DX=DA*π/180: X=INT(X/DX)*DX
160 INPUT "ANZAHL DER SPALTTEILE"; N: M=INT(N/2): N=2*M+1
170 IF N>2*B/L*ABS(SIN(X)) AND N>2*B/L*ABS(SIN(XE)) THEN 190
180 PRINT "DIE ANZAHL DER SPALTTEILE IST ZU KLEIN": GOTO 160
190 DY=.026
200 PRINT: PRINT "MASSTAB DA=";DA; "GRAD    DY=";DY: PRINT
210 W=2*π*B/L/N*SIN(X)
220 Y=1/N: FOR I=1 TO M: Y=Y+2/N*COS(I*W): NEXT I: Y=ABS(Y)
230 IF ABS(X)>DX/2 THEN 250
240 FOR K=1 TO 38: PRINT "+";: NEXT K: PRINT "⌂"
250 Y=Y/DY+.5  : FR=(Y-INT(Y))*8
260 DATA "|","|","|","|","|","|","|","|"
270 FOR J=0 TO FR: READ A$: NEXT J: RESTORE
280 PRINT "+⌂": PRINT TAB(Y)A$: X=X+DX
290 IF X<=XE THEN 210
300 PRINT "A": END
```

Tabelle 43

5.2 Grafische Darstellung mit dem Drucker

Bereits einige druckende Taschenrechner oder Kombinationen von Taschenrechnern mit einem Drucker gestatten eine einfache grafische Darstellung von Rechenergebnissen. Bei den Rechnern TI-59 und TI-58 ist dies in Verbindung mit dem Drucker PC-100 über die Befehlsfolge (OP 07) möglich. Wegen der geringeren Papierbreite gibt es hier in y-Richtung nur 20 verschiedene Positionen, die nicht mehr unterteilt werden können. Zur grafischen Darstellung ist deshalb das Rechenergebnis auf den Bereich $0 \leq y < 20$ zu normieren. Eine Darstellung der Achsen ist nicht möglich. Abb. 16 zeigt am Beispiel der Beugung am Spalt die Möglichkeit und gleichzeitig auch die Grenzen der grafischen Darstellung mit dem Drucker PC-100.
Eine wesentlich bessere grafische Darstellung erlauben Drucker, die als Zubehör zu BASIC-tauglichen Maschinen angeboten werden. Sofern bei diesen Druckern der Zeilenvorschub verändert und bei Bedarf auch ganz unterdrückt werden kann, können sie für die Darstellung von Funktionen als nahezu vollwertiger und dabei wesentlich billigerer Ersatz für einen Plotter angesehen werden.

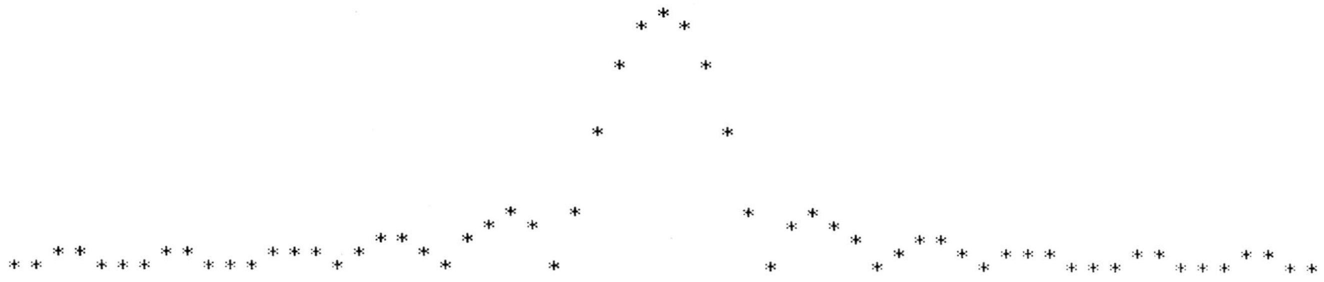

Abb. 16: Grafische Darstellung der Beugung am Einzelspalt mit dem Rechner TI-59 und dem Drucker PC-100

83

Bei den beiden folgenden Beispielen dient der Drucker CBM 4022 von
COMMODORE als "Plotter". Wegen der besonderen, von der Cursor-
Steuerung beim Bildschirm deutlich verschiedenen Steuerbefehle
für den Drucker sind die Programme nicht ohne Änderungen auf andere Drucker übertragbar, selbst dann nicht, wenn diese an einen
Rechner desselben Typs (CBM 3032) angeschlossen sind. Sie werden
wegen der großen Verbreitung dieses Druckers trotzdem vollständig
wiedergegeben.

Gegenüber den beiden folgenden Programmen kann die Darstellung
mit einem Drucker noch verfeinert werden, wenn man die einzelnen
Punkte der 7x6-Punktmatrix einzeln ansteuert. Dies erfordert aber
wieder Kenntnisse der Programmierung in Maschinensprache.

<u>Beispiel 5.4:</u> *Darstellung beliebiger Funktionen*

```
100 PRINT "█": PRINT TAB(15)"PLOTTER": PRINT
110 FOR L=1 TO 40: PRINT "=";: NEXT L: PRINT
120 INPUT "IST DIE FUNKTION PROGRAMMIERT"; B$: PRINT
130 IF B$="JA" THEN 170
140 PRINT "PROGRAMMIEREN SIE DIE FUNKTION BEI"
150 PRINT "SCHRITT 500 BEGINNEND UND BEENDEN SIE"
160 PRINT "DIESE MIT <RETURN>": END
170 PRINT "X-ACHSE VERTIKAL"
180 INPUT "POSITION DER X-ACHSE"; PO: PO=INT(PO)+.5
190 INPUT "EINHEIT AUF DER X-ACHSE"; DX: DX=ABS(DX)
200 INPUT "EINHEIT AUF DER Y-ACHSE"; DY: DY=ABS(DY)
210 INPUT "X-INTERVALL VON - BIS"; X,XE: X=INT(X/DX)*DX
220 OPEN 1,4: OPEN 6,4,6: CMD 1
230 PRINT: PRINT "MASSTAB DX=";DX;" DY=";DY: PRINT
240 PRINT#6,CHR$(1): CMD 1
250 IF ABS(X)>DX/2 THEN 270
260 FOR K=1 TO 77: PRINT "+";: NEXT K: PRINT " Y"
270 GOSUB 500
280 Y=Y/DY: Y=Y+PO: FR=(Y-INT(Y))*6
290 DATA "|","|","|","|","|","|"
300 FOR L=0 TO FR: READ A$: NEXT L: RESTORE
310 PRINT TAB(PO)"+"
320 IF Y<0 THEN PRINT "<": GOTO 350
330 IF Y>=79 THEN PRINT TAB(78)">": GOTO 350
340 PRINT TAB(Y)A$
350 X=X+DX: PRINT#1: PRINT#6, CHR$(18): PRINT#1
360 IF X<=XE THEN 240
370 PRINT#1: PRINT#1, TAB(PO)"X": PRINT#1
380 CLOSE 1: CLOSE 6: OPEN 10,4,10: PRINT#10: CLOSE 10: END

500 Y=(SIN(X))↑2: RETURN
```

<u>Tabelle 44</u>

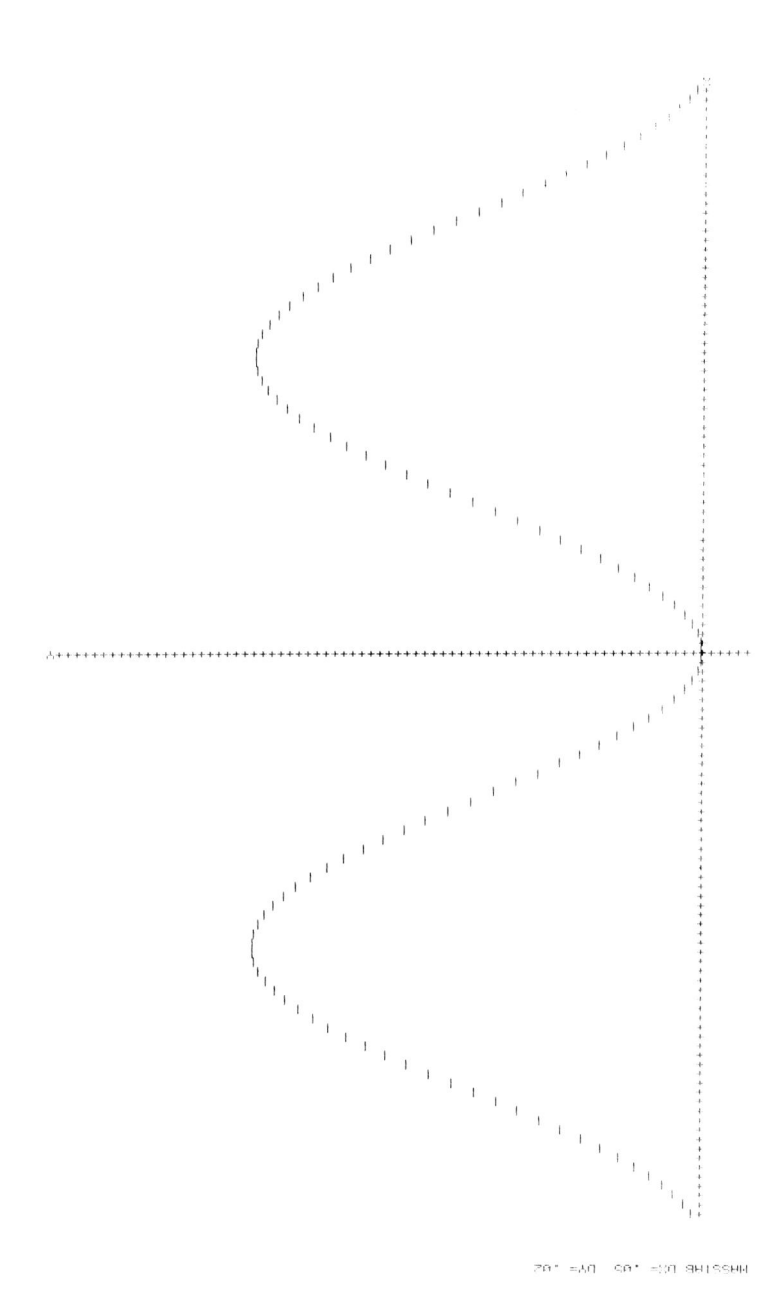

Abb. 17: Grafische Darstellung der Funktion $x \to y = \sin^2 x$ mit dem Drucker CBM 4022

Das in Tabelle 44 (S. 86) dargestellte Programm ist Entsprechende zum Programm in Tabelle 42, jedoch für Darstellung mittels Drucker. Weil dieser in y-Richtung innerhalb einer Position nur 6 Punktreihen gegenüber 8 auf dem Bildschirm hat, kommen nur 6 verschiedene senkrechte Striche zur Anwendung. Beim Druckvorgang selbst wird über die Befehlsfolge Open 6,4,6: Print 6, Chr$(1) der Zeilenvorschub unterdrückt; beim Fortschreiten um DX wird über den Befehl Print 6, Chr$ 18 der Zeilenvorschub um eine geeignete Strecke betätigt. Abb. 17 (S. 87) zeigt die Darstellung der Funktion $x \to y = \sin^2 x$ im Bereich $-2 \leq x \leq 2$.

Beispiel 5.5: *Beugung am Spalt*
Das entsprechende Programm zu Tabelle 43 mit Darstellung über den Drucker CBM 4022 zeigt Tabelle 45. Abb. 18 zeigt deutlich die im Vergleich zu Abb. 16 ausgezeichnete Qualität der Darstellung.

```
100 PRINT "*": PRINT TAB(10) "BEUGUNG AM SPALT": PRINT
110 FOR I=1 TO 40: PRINT "=";: NEXT I: PRINT
120 INPUT "BREITE DES SPALTS"; B
130 INPUT "LICHTWELLENLAENGE"; L
140 INPUT "WINKELINTERVALL IN GRAD"; A, AE: X=A*π/180: XE=AE*π/180
150 INPUT "WINKELSCHRITT IN GRAD"; DA: DX=DA*π/180: X=INT(X/DX)*DX
160 INPUT "ANZAHL DER SPALTTEILE"; N: M=INT(N/2): N=2*M+1
170 IF N>2*B/L*ABS(SIN(X)) AND N>2*B/L*ABS(SIN(XE)) THEN 190
180 PRINT "DIE ANZAHL DER SPALTTEILE IST ZU KLEIN": GOTO 160
190 DY=.013: PO=2.5:
200 OPEN 1,4: OPEN 6,4,6: CMD 1
210 PRINT: PRINT "MASSTAB DA=";DA; "GRAD   DY=";DY: PRINT
220 W=2*π*B/L/N*SIN(X)
230 Y=1/N: FOR I=1 TO M: Y=Y+2/N*COS(I*W): NEXT I: Y=ABS(Y)
240 PRINT#6, CHR$(1): CMD 1
250 IF ABS(X)>DX/2 THEN 280
260 FOR K=1 TO 60: PRINT "+";: NEXT K:
270 PRINT" AMPLITUDE ";: FOR K=1 TO 9: PRINT "+";: NEXT K: PRINT
280 Y=Y/DY: Y=Y+PO: FR=(Y-INT(Y))*6
290 DATA "|","|","|","|"," |"," |"
300 FOR J=0 TO FR: READ A$: NEXT J: RESTORE
310 PRINT TAB(PO)"+": PRINT TAB(Y)A$
320 X=X+DX: PRINT#1: PRINT#6, CHR$(18): PRINT#1
330 IF X<=XE THEN 220
340 PRINT#1: PRINT#1, TAB(PO)"A IN GRAD": PRINT#1
350 CLOSE 1: CLOSE 6: OPEN 10,4,10: PRINT#10: CLOSE 10: END
```

Tabelle 45

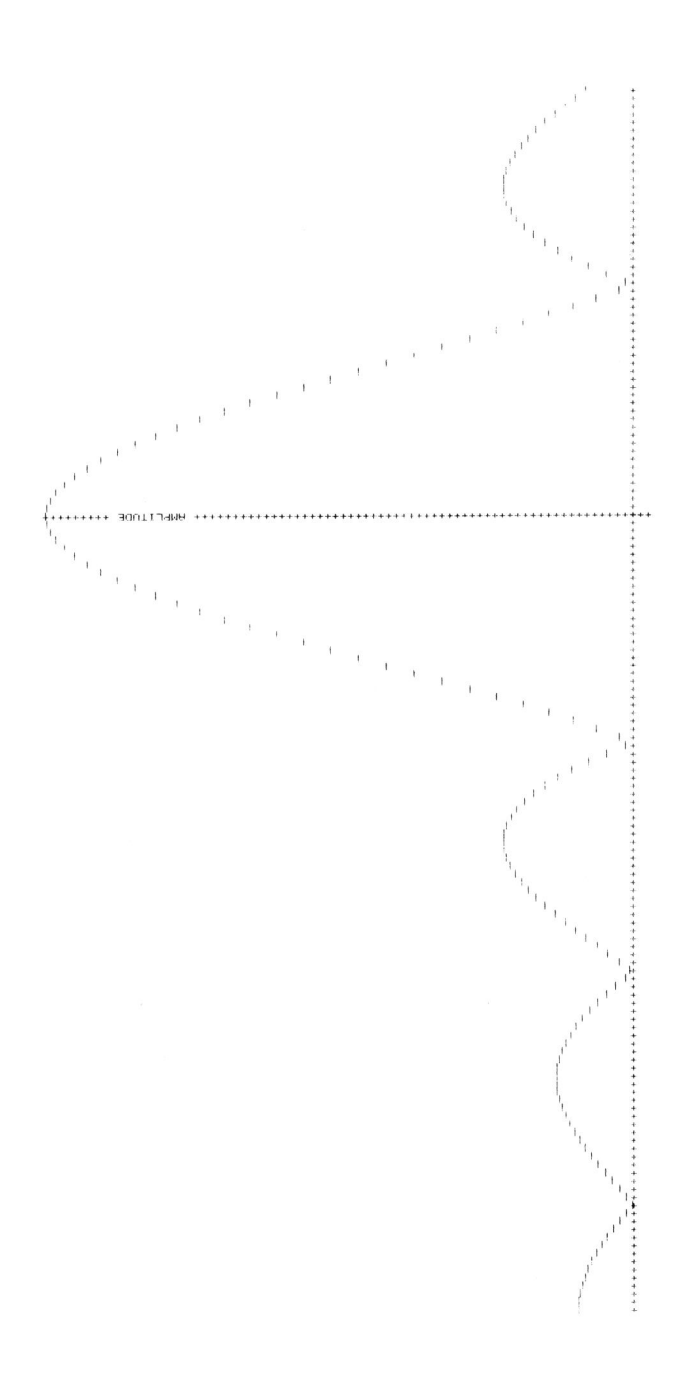

Abb. 18: Grafische Darstellung der Beugung am Einzelspalt mit dem Drucker CBM 4022

6 Spiele mit physikalischem Hintergrund

6.1 Vorbemerkung

Sieht man, welche Zeit manche Schüler damit verbringen, so kann man den Eindruck gewinnen, das Spielen mit dem Rechner gehöre zum Interessantesten, was die Schule überhaupt zu bieten hat. Doch wenn man von Übertreibungen absieht, ist diese Art der Spielerei an sich keineswegs abzulehnen, denn beim Spielen werden die Schüler zwanglos mit der Maschine vertraut. Leider handelt es sich bei den meisten Spielen jedoch um fertig zu beziehende, recht komplizierte Programme, die häufig ohne das geringste Verständnis in den Rechner eingegeben werden. Die Lernmöglichkeiten beschränken sich dann auf das rein mechanische Bedienen des Rechners.

Anders ist dies, wenn im Prinzip einfache Spiele in so elementarer Weise programmiert werden, daß die mathematischen oder physikalischen Grundlagen des Spiels durchsichtig bleiben und der Aufbau des Programms von den Schülern verstanden und vielleicht auch verändert oder erweitert werden kann. Für die Entwicklung solcher Spiele sollen die folgenden Beispiele einige Anregungen sein.

6.2 Versuch einer "weichen Mondlandung"

Das Simulieren einer Mondlandung ist ein bekanntes und beliebtes Beispiel für ein Rechnerspiel. Der Spieler (oder eine andere Person) wählt zunächst eine bestimmte Anfangshöhe, eine anfängliche Sinkgeschwindigkeit und eine begrenzte Treibstoffmenge für das Landemanöver, die er in den Rechner eingibt. Dann kann er als "Pilot" jede Sekunde den Schub der Triebwerke verändern, indem er in einem vorgegebenen Rahmen - z.B. zwischen 0 kg und 100 kg - die Menge des pro Sekunde verbrannten Treibstoffs verändert. Ein Mißlingen des Landemanövers ist auf zwei Arten möglich: entweder wird die Sinkbewegung nicht rechtzeitig stark genug abgebremst, so daß die Mondfähre noch hart aufschlägt, oder aber der Treibstoff wird durch zu frühes und zu energisches Betätigen der Triebwerke zu früh verbraucht. Die Mondfähre bewegt sich dann im freien Fall auf die Mondoberfläche zu, was letztlich zu denselben Folgen führt. Zwischen beiden Fehlsteuerungen ist - zunächst gefühlsmäßig, dann mit physikalischem Sachverstand - der rechte Mittelweg zu suchen.

Beispiel 6.1: *Einfaches Mondlandeprogramm*

```
100 PRINT ""; PRINT "VERSUCHEN SIE EINE WEICHE MONDLANDUNG": PRINT
110 INPUT "HOEHE IN M"; H: G=1.62: AM=20-G
120 INPUT "GESCHWINDIGKEIT IN M/S";V
130 INPUT "TREIBSTOFFVORRAT IN KG"; M
140 PRINT: PRINT "SIE WAEHLEN JEDE SEKUNDE DIE AUSGE-
150 PRINT "STOSSENE TREIBSTOFFMENGE ZWISCHEN
160 PRINT "0 UND 100 KG": T=0
170 PRINT: INPUT "AUSSTOSS IN KG/S"; DM: PRINT
180 IF DM<0 THEN DM=0
190 IF DM>100 THEN DM=100
200 IF DM>M THEN DM=M
210 A=DM/5-G: B=(V*V-2*A*H): H=H+V+A/2: M=M-DM: T=T+1:
220 IF H<=0.01 THEN V=SQR(ABS(B)): GOTO270
230 V=V+A: PRINT "T=";T;"S"; TAB(20)"M=";M;"KG"
240 PRINT"H=";H;"M"; TAB(20)"V=";V;"M/S": PRINT
250 IF M>0 THEN 170
260 PRINT "TREIBSTOFF ZUENDE": PRINT: V=SQR(V*V+2*G*H)
270 PRINT "AUFTREFFGESCHWINDIGKEIT";V;"M/S": PRINT: IF V>2 THEN 300
280 PRINT "HERZLICHEN GLUECKWUNSCH! SIE SIND
290 PRINT "WOHLBEHALTEN GELANDET.": END
300 IF V>20 THEN 340
310 PRINT "DIE TRUEMMER DER MONDFAEHRE BLEIBEN"
320 PRINT "EWIG EIN ZEUGNIS FUER IHREN SELBSTLOSEN"
330 PRINT "EINSATZ.": END
340 PRINT "DER NEUE MONDKRATER VON" INT(V*1.75+5) "METER"
350 PRINT "DURCHMESSER WIRD NACH IHNEN BENANNT!": END
```

Tabelle 46

Der Einfachheit halber wird bei diesem in Tabelle 46 dargestellten Spielprogramm die Gesamtmasse der Mondfähre als konstant angesetzt. Sie beträgt $m = 20\ 000$ kg. Für die Verbrennungsgase wird die ebenfalls konstante Ausströmgeschwindigkeit $v_1 = 4\ 000$ ms^{-1} angenommen. Bei der sekündlichen Verbrennung von n kg beträgt dann die vom Triebwerk nach oben erzielte Beschleunigung der Mondfähre

$$a_1 = \frac{\text{n kgs}^{-1}}{20\ 000\ \text{kg}} \cdot 4000\ \text{ms}^{-1} = \frac{n}{5}\ \text{ms}^{-2} \quad .$$

89

Da dieser Beschleunigung noch die ebenfalls konstant angenommene Gravitationsbeschleunigung des Mondes entgegenwirkt, beträgt die tatsächliche Beschleunigung der Mondfähre nach oben nur $a = a_1 - g$ mit $g = 1{,}62\ \text{ms}^{-2}$. Bezeichnet man die Höhe und die Geschwindigkeit nach Ablauf von n Sekunden mit h_n und v_n, so betragen die Werte nach einer weiteren Sekunde

$$h_{n+1} = h_n + v_n \cdot 1\ \text{s} + \frac{a}{2} \cdot 1\ \text{s}^2$$

$$v_{n+1} = v_n + a \cdot 1\ \text{s}\ .$$

Ist noch Treibstoff vorhanden, so wiederholt sich mit dem neuen Wert für die Beschleunigung a die Rechnung. Ist der Treibstoff dagegen aufgebraucht, dann errechnet sich die Auftreffgeschwindigkeit v_{end} aus den Momentanwerten h und v folgendermaßen:

$$v_{end} = \sqrt{v^2 + 2\ g \cdot h}\ .$$

Ist die Mondoberfläche erreicht, bevor der Treibstoff aufgebraucht ist, so macht sich dies in der Rechnung dadurch bemerkbar, daß sich nach Ablauf einer bestimmten Beschleunigungsphase für die Höhe h Null oder ein negativer Wert ergeben würde. Dann wird nicht nach dem obigen Schema die Endgeschwindigkeit nach dieser Beschleunigungsphase berechnet, sondern die Geschwindigkeit beim Erreichen des Mondbodens

$$v_{end} = \sqrt{v^2 - 2\ a \cdot h}\ .$$

Um das Spielprogramm etwas amüsanter zu gestalten, wurde der Text nicht ganz so knapp ausgelegt wie bei den übrigen Programmen. Beim entsprechenden Programm für die Rechner TI-59 und TI-58 (Tab. 47) wurde allerdings wegen der recht komplizierten Programmierung auf den Text verzichtet; die Spielanleitung muß dort zusätzlich schriftlich oder mündlich dem Spieler mitgeteilt werden. Über die Adreßlabels A, B und C gibt man zunächst die Anfangshöhe h_0 in m, die Anfangsgeschwindigkeit v_0 in ms^{-1} (negativ bedeutet abwärts) und den Treibstoffvorrat m_1 in kg ein. Nach Betätigen der Taste A' werden die Anfangswerte ausgedruckt. Nach Eingabe der in der nächsten Sekunde zu verbrennenden Treibstoffmenge kann man entweder die Taste B' oder die Taste R/S drücken. Bis zum mehr oder weniger weichen Aufsetzen auf der Mondoberfläche werden nach jeder Sekunde die Werte für die Höhe h, die Geschwindigkeit v und den Treibstoffvorrat ausgedruckt.

Als gelungen gilt eine Landung mit einem Geschwindigkeitsbetrag unter 2 ms^{-1}.

Sinnvolle Anfangswerte sind z.B. eine Anfangshöhe von 2000 m, eine Sinkgeschwindigkeit von - 200 ms^{-1} und ein Treibstoffvorrat von 1300 kg.

000	76	LBL	032	01	1	065	55	÷	097	61	GTO
001	11	A	033	00	0	066	02	2	098	34	ΓX
002	42	STO	034	00	0	067	85	+			
003	01	01	035	77	GE	068	43	RCL	099	76	LBL
004	92	RTN	036	23	LNX	069	01	01	100	33	X²
005	76	LBL	037	32	X:T	070	85	+	101	53	(
006	12	B	038	76	LBL	071	43	RCL	102	02	2
007	42	STO	039	23	LNX	072	02	02	103	65	×
008	02	02	040	43	RCL	073	54	)	104	43	RCL
009	92	RTN	041	03	03	074	29	CP	105	01	01
010	76	LBL	042	22	INV	075	22	INV	106	65	×
011	13	C	043	77	GE	076	77	GE	107	43	RCL
012	42	STO	044	28	LOG	077	33	X²	108	04	04
013	03	03	045	32	X:T				109	94	+/-
014	92	RTN				078	42	STO			
			046	76	LBL	079	01	01	110	76	LBL
015	76	LBL	047	28	LOG	080	43	RCL	111	34	ΓX
016	16	A'	048	98	ADV	081	04	04	112	85	+
017	98	ADV	049	99	PRT	082	44	SUM	113	43	RCL
018	43	RCL	050	53	(	083	02	02	114	02	02
019	01	01	051	22	INV	084	43	RCL	115	33	X²
020	99	PRT	052	44	SUM	085	03	03	116	54	)
021	43	RCL	053	03	03	086	22	INV	117	34	ΓX
022	02	02	054	55	÷	087	67	EQ	118	94	+/-
023	99	PRT	055	05	5	088	16	A'	119	42	STO
024	43	RCL	056	75	-				120	02	02
025	03	03	057	01	1	089	53	(	121	00	0
026	99	PRT	058	93	.	090	43	RCL	122	42	STO
027	92	RTN	059	06	6	091	01	01	123	01	01
			060	02	2	092	65	×	124	98	ADV
028	76	LBL	061	54	)	093	03	3	125	61	GTO
029	17	B'	062	53	(	094	93	.	126	16	A'
030	50	I×I	063	42	STO	095	02	2			
031	32	X:T	064	04	04	096	04	4			

Tabelle 47

Beispiel 6.2: *Analyse der Anfangsbedingungen*

Nach mehreren vergeblichen Versuchen wird vielleicht mancher Spieler behaupten, mit den gegebenen Anfangswerten sei eine weiche Landung einfach nicht möglich. Ob er damit recht hat, läßt sich nicht eindeutig sagen, es sei denn, es gelingt schließlich doch noch ein Versuch mit den gleichen Anfangsbedingungen. Im folgenden soll nun das Programm so verändert werden, daß der Rechner

von vorneherein nur noch Anfangswerte annimmt, mit denen eine weiche Landung auch tatsächlich möglich ist.
Die erste Anfangsbedingung, die Anfangshöhe, bleibt frei wählbar. Die Anfangsgeschwindigkeit v_o darf dann nur so groß sein, daß die maximal mögliche Beschleunigung a_{max} ausreicht, um die Bewegung auf der Strecke h_o bis zum Stillstand zu verzögern. Damit ergibt sich als erste Bedingung:

$$v_o \leq \sqrt{2\,a_{max} \cdot h_o}$$

mit a_{max} = 20 ms^{-2} - g = 18,38 ms^{-2}. Ist diese Bedingung nicht erfüllt, erfolgt Fehleranzeige, und der Wert muß neu eingegeben werden.

Schwieriger ist die Untersuchung, ob der Treibstoffvorrat ausreicht. Hierzu vergleicht man die Gesamtenergie, also die Summe aus kinetischer und potentieller Energie, die unter günstigsten Bedingungen durch das Verbrennen des gesamten Treibstoffvorrats erreicht werden könnte, mit der tatsächlichen Gesamtenergie der Mondfähre vor Beginn des Landemanövers. Letztere darf nicht größer sein.

Die günstigste Ausnützung des Treibstoffs hat man bei maximaler Schubkraft, also bei maximaler Beschleunigung a_{max} = 20 ms^{-2} - g. Die mit diesem Schub vom Mondboden aus nach der Zeit t erreichte Höhe h und Geschwindigkeit v wären ($a = a_{max}$):

$$h = \frac{a}{2} \cdot t^2 \quad \text{und} \quad v = a \cdot t.$$

Damit würde die Gesamtenergie betragen:

$$W = m \cdot g \cdot h + \frac{1}{2} \cdot m \cdot v^2$$

$$W = \frac{m \cdot g \cdot a}{2} \cdot t^2 + \frac{m \cdot a^2}{2} \cdot t^2$$

$$W = \frac{m}{2} \cdot t^2 \cdot a \cdot (a + g) .$$

Die Bedingung für die Brenndauer lautet damit:

$$\frac{m}{2} t^2 \cdot a \cdot (a + g) \geq m \cdot g \cdot h + \frac{1}{2} m v^2$$

$$t \geq \sqrt{\frac{2 \cdot g \cdot h + v^2}{a \cdot (a + g)}}$$

Da bei maximalem Schub die pro Sekunde ausgestoßene Brennstoffmenge 100 kg beträgt, errechnet sich die benötigte Brennstoffmenge in kg, indem man die Zahl der benötigten Sekunden mit 100 multipliziert. Für ein sicheres Landemanöver wird man allerdings eine Reserve von zusätzlich 50 - 100 kg vorsehen.

```
100 PRINT "□": PRINT "VERSUCHEN SIE EINE WEICHE MONDLANDUNG": PRINT
110 INPUT "HOEHE IN M"; H: G=1.62: AM=20-G
120 INPUT "GESCHWINDIGKEIT IN M/S";V
130 IF H>V*V/2/AM+2.5 THEN 150
140 PRINT: PRINT "GESCHWINDIGKEIT ZU GROSS": PRINT: GOTO 120
150 INPUT "TREIBSTOFFVORRAT IN KG"; M
160 IF M> 100*SQR((V*V+2*G*H)/AM/(AM+G)) THEN 180
170 PRINT: PRINT "ZU WENIG TREIBSTOFF": PRINT: GOTO 150
180 PRINT: PRINT "SIE WAEHLEN JEDE SEKUNDE DIE AUSGE-
190 PRINT "STOSSENE TREIBSTOFFMENGE ZWISCHEN
200 PRINT "0 UND 100 KG": T=0
210 PRINT: INPUT "AUSSTOSS IN KG/S"; DM: PRINT
220 IF DM<0 THEN DM=0
230 IF DM>100 THEN DM=100
240 IF DM>M THEN DM=M
250 A=DM/5-G: B=(V*V-2*A*H): H=H+V+A/2: M=M-DM: T=T+1
260 IF H<=0.01 THEN V=SQR(ABS(B)): GOTO330
270 IF V>0 OR -V>H OR B<0 THEN 290
280 PRINT "AUFSCHLAG MIT"; SQR(B); "M/S": PRINT: IF B>4 THEN 360
290 V=V+A: PRINT "T=";T;"S": TAB(20)"M=";M;"KG"
300 PRINT"H=";H;"M"; TAB(20)"V=";V;"M/S": PRINT
310 IF M>0 THEN 210
320 PRINT "TREIBSTOFF ZUENDE": PRINT: V=SQR(V*V+2*G*H)
330 PRINT "AUFTREFFGESCHWINDIGKEIT";V;"M/S": PRINT: IF V>2 THEN 360
340 PRINT "HERZLICHEN GLUECKWUNSCH! SIE SIND
350 PRINT "WOHLBEHALTEN GELANDET.": END
360 IF V>20 THEN 400
370 PRINT "DIE TRUEMMER DER MONDFAEHRE BLEIBEN"
380 PRINT "EWIG EIN ZEUGNIS FUER IHREN SELBSTLOSEN"
390 PRINT "EINSATZ.": END
400 PRINT "DER NEUE MONDKRATER VON" INT(V*1.75+5) "METER"
410 PRINT "DURCHMESSER WIRD NACH IHNEN BENANNT!": END
```

Tabelle 48

Außer der Analyse der Anfangsbedingungen in den Zeilen 130, 140, 160 und 170 weist das BASIC-Programm in Tabelle 48 noch eine Verfeinerung der Endbedingungen beim Auftreffen auf der Mondoberfläche auf (Zeilen 270 und 280). Es ist nämlich möglich, daß bei geringer Höhe über der Mondoberfläche der erteile Schub zwar ausreichen würde, daß die Höhe nach einer Sekunde wieder positiv ist, daß die Mondfähre in der Zwischenzeit aber - vielleicht sehr unsanft - die Mondoberfläche berührt hat. Dies ist dann der Fall, wenn v^2 größer oder gleich $2 \cdot a \cdot h$ ist. In diesem Fall wird unterschieden, ob die Auftreffgeschwindigkeit größer als $2\ \text{ms}^{-1}$ ist, oder nicht. Im ersten Fall geht die Mondfähre zu Bruch, im zweiten Fall hebt sie wieder ab.

000	76	LBL	045	04	4	090	22	INV	135	67	EQ
001	11	A	046	54	)	091	77	GE	136	16	A'
002	42	STO	047	55	÷	092	28	LOG			
003	01	01	048	93	.	093	32	X:T	137	53	(
004	92	RTN	049	00	0				138	03	3
			050	03	3	094	76	LBL	139	93	.
005	76	LBL	051	06	6	095	28	LOG	140	02	2
006	12	B	052	07	7	096	53	(	141	04	4
007	42	STO	053	06	6	097	98	ADV	142	61	GTO
008	02	02	054	54	)	098	99	PRT	143	34	ΓX
009	33	X²	055	77	GE	099	22	INV			
010	32	X:T	056	38	SIN	100	44	SUM	144	76	LBL
011	53	(	057	43	RCL	101	03	03	145	33	X²
012	43	RCL	058	03	03	102	55	÷	146	53	(
013	01	01	059	92	RTN	103	05	5	147	02	2
014	65	×				104	75	-	148	65	×
015	03	3	060	76	LBL	105	01	1	149	43	RCL
016	06	6	061	16	A'	106	93	.	150	04	04
017	93	.	062	98	ADV	107	06	6	151	94	+/-
018	07	7	063	43	RCL	108	02	2			
019	06	6	064	01	01	109	54	)	152	76	LBL
020	54	)	065	99	PRT	110	53	(	153	34	ΓX
021	22	INV	066	43	RCL	111	42	STO	154	65	×
022	77	GE	067	02	02	112	04	04	155	43	RCL
023	38	SIN	068	99	PRT	113	55	÷	156	01	01
024	43	RCL	069	43	RCL	114	02	2	157	85	+
025	02	02	070	03	03	115	85	+	158	43	RCL
026	92	RTN	071	99	PRT	116	43	RCL	159	02	02
			072	00	0	117	01	01	160	33	X²
027	76	LBL	073	92	RTN	118	85	+	161	54	)
028	13	C				119	43	RCL	162	34	ΓX
029	42	STO	074	76	LBL	120	02	02	163	94	+/-
030	03	03	075	17	B'	121	54	)	164	42	STO
031	33	X²	076	32	X:T	122	29	CP	165	02	02
032	32	X:T	077	00	0	123	22	INV	166	00	0
033	53	(	078	77	GE	124	77	GE	167	42	STO
034	53	(	079	28	LOG	125	33	X²	168	01	01
035	43	RCL	080	01	1				169	98	ADV
036	02	02	081	00	0	126	42	STO	170	61	GTO
037	33	X²	082	00	0	127	01	01	171	16	A'
038	85	+	083	77	GE	128	43	RCL			
039	43	RCL	084	23	LNX	129	04	04	172	76	LBL
040	01	01	085	32	X:T	130	44	SUM	173	38	SIN
041	65	×	086	76	LBL	131	02	02	174	94	+/-
042	03	3	087	23	LNX	132	43	RCL	175	34	ΓX
043	93	.	088	43	RCL	133	03	03	176	92	RTN
044	02	2	089	03	03	134	22	INV			

<u>Tabelle 49</u>

Damit das Programm nicht unüberschaubar lang wird, wurde beim entsprechenden Programm für die Rechner TI-59 und TI-58 (Tab. 49) auf diese Verfeinerung der Endbedingungen verzichtet. Bei der

Analyse der Anfangsbedingungen erfolgt Fehleranzeige, wenn eine
weiche Landung unmöglich ist; in der Sichtanzeige erscheint blinkend der mindestens nötige Wert der zuletzt eingegebenen Größe.
Die Analyse der Anfangsbedingungen funktioniert nur, wenn die
Anfangswerte in der Reihenfolge Höhe - Geschwindigkeit - Treibstoffvorrat eingegeben werden.

6.3 Bordcomputer für die "Mondlandung"

Die bei der Analyse der Anfangsbedingungen angestellten Überlegungen kann man dahingehend erweitern, daß man einen "Bordcomputer" konstruiert, der die Mondfähre bei möglichst geringem Treibstoffverbrauch sicher zum weichen Aufsetzen auf der Mondoberfläche bringt. Zur Schonung von Personen und Gerät ist eine Auftreffgeschwindigkeit von exakt 0 ms^{-1} erstrebenswert.

Bei der Untersuchung, ob der Treibstoffvorrat ausreicht, ging man davon aus, daß der Treibstoffverbrauch dann am geringsten ist, wenn man die Mondfähre in der kürzestmöglichen Zeit, also mit maximalem Schub, abbremst. Die beste Strategie für die Landung ist es deshalb, die Mondfähre so lang wie irgend möglich frei fallen zu lassen und dann gewissermaßen im letztmöglichen Moment mit vollem Schub zu bremsen. Dieser ist aber durch Schätzen schwer zu erraten, und setzt man mit der Bremsung auch nur eine Sekunde zu spät ein, so ist dies verhängnisvoll.

Damit zeichnet sich schon das Prinzip des "Bordcomputers" ab. Er muß ermitteln, ob die Mondfähre mit maximalem Schub noch abgebremst werden könnte, wenn sie eine weitere Sekunde frei fällt. Ist dies der Fall, wird kein Treibstoff verbrannt; andernfalls wird mit vollem Schub gebremst (Zeile 460 in Tabelle 50).

Dieses Vorgehen läßt sich allerdings nicht bis zum Erreichen der Mondoberfläche fortsetzen. Ist nämlich der Betrag der Sinkgeschwindigkeit bereits kleiner als die bei maximalem Schub erzielte Beschleunigung, dann würde sich die Bewegungsrichtung umkehren, und die Mondfähre würde sich wieder von der Mondoberfläche entfernen. Deshalb verzweigt sich das Programm (Zeile 450 in Tabelle 50).

Im Prinzip könnte dann, wenn die Sinkgeschwindigkeit kleiner geworden ist als die maximal mögliche Beschleunigung, die Mondfähre innerhalb einer Sekunde vollends auf die Geschwindigkeit 0 ms^{-1}

abgebremst werden. Dabei würde die Mondfähre noch um eine Strecke sinken, deren Betrag gerade halb so groß ist wie der letzte Wert der Sinkgeschwindigkeit; sie hätte also in der Regel die Mondoberfläche noch nicht erreicht. Sie müßte wieder frei fallen, erneut abgebremst werden usw.

```
100 PRINT "■": PRINT "VERSUCHEN SIE EINE WEICHE MONDLANDUNG": PRINT
110 INPUT "HOEHE IN M"; H: G=1.62: AM=20-G
120 INPUT "GESCHWINDIGKEIT IN M/S";V
130 IF H>V*V/2/AM+2.5 THEN 150
140 PRINT: PRINT "GESCHWINDIGKEIT ZU GROSS": PRINT: GOTO 120
150 INPUT "TREIBSTOFFVORRAT IN KG"; M
160 IF M> 100*SQR((V*V+2*G*H)/AM/(AM+G)) THEN 180
170 PRINT: PRINT "ZU WENIG TREIBSTOFF": PRINT: GOTO 150
180 PRINT: INPUT "VERWENDEN SIE DEN BORDCOMPUTER"; A$: PRINT
190 IF A$="JA" THEN 450
200 PRINT: PRINT "SIE WAEHLEN JEDE SEKUNDE DIE AUSGE-
210 PRINT "STOSSENE TREIBSTOFFMENGE ZWISCHEN
220 PRINT "0 UND 100 KG"; T=0
230 PRINT: INPUT "AUSSTOSS IN KG/S"; DM: PRINT
240 IF DM<0 THEN DM=0
250 IF DM>100 THEN DM=100
260 IF DM>M THEN DM=M
270 A=DM/5-G: B=(V*V-2*A*H): H=H+V+A/2: M=M-DM: T=T+1:
280 IF H<=0.01 THEN V=SQR(ABS(B)): GOTO360
290 IF V>0 OR -V>A OR B<0 THEN 310
300 PRINT "AUFSCHLAG MIT"; SQR(B); "M/S": PRINT: IF B>4 THEN 390
310 V=V+A: PRINT "T=";T;"S"; TAB(20)"M=";M;"KG"
320 PRINT"H=";H;"M"; TAB(20)"V=";V;"M/S": PRINT
330 IF M>0 AND A$="JA" THEN 450
340 IF M>0 AND A$<>"JA" THEN 230
350 PRINT "TREIBSTOFF ZUENDE": PRINT: V=SQR(V*V+2*G*H)
360 PRINT "AUFTREFFGESCHWINDIGKEIT";V;"M/S": PRINT: IF V>2 THEN 390
370 PRINT "HERZLICHEN GLUECKWUNSCH! SIE SIND
380 PRINT "WOHLBEHALTEN GELANDET.": END
390 IF V>20 THEN 430
400 PRINT "DIE TRUEMMER DER MONDFAEHRE BLEIBEN"
410 PRINT "EWIG EIN ZEUGNIS FUER IHREN SELBSTLOSEN"
420 PRINT "EINSATZ.": END
430 PRINT "DER NEUE MONDKRATER VON" INT(V↑.75+5) "METER"
440 PRINT "DURCHMESSER WIRD NACH IHNEN BENANNT!": END
450 IF -V<=AM THEN 480
460 A=AM: IF (V-G)↑2<(2*A*(H+V-G/2-2.5) THEN DM=0: GOTO 500
470 GOTO 490
480 A=-1.5*V-H: IF -A>AM+V THEN A=-AM-V
490 DM=(A+G)*5
500 Z=TI+60
510 IF TI<Z THEN 510
520 GOTO 240
```

Tabelle 50

Sehr elegant verläuft die Landung, wenn man die Mondfähre dann, wenn der Betrag ihrer Geschwindigkeit erstmals kleiner ist als der Maximalwert der Beschleunigung, in der nächsten Sekunde gerade so weit abbremst, daß der Betrag der Sinkgeschwindigkeit doppelt so groß wird wie die Höhe über dem Mondboden. Nach einer weiteren Sekunde erreicht die Mondfähre dann den Mondboden exakt mit der Geschwindigkeit 0 ms^{-1}.

Weil der Schub in den letzten beiden Sekunden meist wesentlich kleiner ist als der maximal mögliche Wert, ist bei der Abfrage, ob die Mondfähre noch frei fallen darf, für die Höhe noch eine "Sicherheitsreserve" von 2,5 m vorgesehen (Zeile 460 in Tab. 50).

Beispiel 6.3: *Bordcomputer für die Mondfähre*
Tabelle 50 zeigt ein Mondlandungsprogramm, bei dem die Landung sowohl mit Handsteuerung als auch mit dem Bordcomputer möglich ist. Die Frage "Verwenden Sie den Bordcomputer" muß entsprechend mit "nein" oder "ja" beantwortet werden (Zeilen 180 und 190). Ist die Antwort "nein", so läuft das Programm genau gleich ab, wie das Programm in Tabelle 48. Bei "ja" wird der Bordcomputer (Zeilen 450 - 520) eingesetzt.

Zunächst überraschend sind die Zeilen 500 und 510. Sie haben direkt mit der Funktion des Bordcomputers nichts zu tun. Weil die verwendete Maschine recht schnell arbeitet, würden die vom Bordcomputer errechneten Werte so rasch ausgegeben, daß man den Landevorgang gar nicht mehr schrittweise verfolgen könnte. Die Zeilen 500 und 510 bewirken eine genau definierte Verzögerung des Ablaufs, so daß der Landevorgang scheinbar in "Echtzeit" abläuft.

Bei den Rechnern TI-59 und TI-58 kann das Programm für den "Bordcomputer" direkt an das Programm für die Mondlandung (Tab. 49) angehängt werden, ohne daß an diesem Änderungen nötig wären. Ein solches, "anhängbares" Programm zeigt Tabelle 51. Daß das Programm bei Schritt 240 und nicht etwa schon bei Schritt 177 beginnt, hat nur den Zweck, daß es für den Rechner TI-59 getrennt auf einer Magnetkarte gespeichert werden kann. Der Bordcomputer wird durch Betätigen der Adreßtaste C' eingeschaltet; der Ausdruck ist gleich wie bei Handbetrieb. Weil der Rechner relativ langsam arbeitet, ist eine künstliche Verzögerung des Rechenablaufs nicht nötig.

240	76	LBL	265	53	(	291	76	LBL	318	03	3
241	18	C'	266	53	(	292	35	1/X	319	93	.
242	01	1	267	01	1	293	53	(	320	03	3
243	08	8	268	08	8	294	43	RCL	321	54	)
244	93	.	269	93	.	295	02	02	322	54	)
245	04	4	270	03	3	296	75	-	323	77	GE
246	32	X:T	271	08	8	297	01	1	324	39	COS
247	53	(	272	94	+/-	298	93	.			
248	43	RCL	273	75	-	299	06	6	325	01	1
249	02	02	274	43	RCL	300	02	2	326	00	0
250	94	+/-	275	02	02	301	54	)			
251	77	GE	276	54	)	302	33	X²	327	76	LBL
252	35	1/X	277	77	GE	303	32	X:T	328	39	COS
			278	30	TAN	304	53	(	329	00	0
253	65	×	279	32	X:T	305	03	3	330	54	)
254	01	1	280	76	LBL	306	06	6	331	17	B'
255	93	.	281	30	TAN	307	93	.	332	61	GTO
256	05	5	282	65	×	308	07	7	333	18	C'
257	75	-	283	05	5	309	06	6			
258	29	CP	284	85	+	310	65	×	334	76	LBL
259	43	RCL	285	08	8	311	53	(	335	45	YX
260	01	01	286	93	.	312	43	RCL	336	25	CLR
261	67	EQ	287	01	1	313	01	01	337	98	ADV
262	45	YX	288	85	+	314	85	+	338	98	ADV
			289	61	GTO	315	43	RCL	339	92	RTN
263	54	)	290	39	COS	316	02	02			
264	32	X:T				317	75	-			

Tabelle 51

7 Schlußbemerkung

Mancher Leser stößt sich vielleicht daran, daß in verschiedenen Programmen scheinbar Größen, die nicht dimensionsgleich sind, miteinander verglichen oder zueinander addiert bzw. voneinander subtrahiert werden. Auch im erläuternden Text konnten solche Sprechweisen nicht ganz vermieden werden. Man bedenke jedoch, daß Rechner grundsätzlich nur mit Maßzahlen und nicht mit physikalischen Größen arbeiten. Die programmierten Gleichungen und Ungleichungen sind deshalb auch nur für Maßzahlen in einem ganz bestimmten Maßsystem sinnvoll; beim Übergang zu einem anderen Maßsystem würden sie sich ändern.

Es ist der Vorteil eines kohärenten Maßsystems wie des SI-Systems, daß man problemlos mit Gleichungen für Maßzahlen rechnen darf. Gerade die Verwendung von Rechnern macht es deshalb den Schülern in besonderer Weise deutlich, welche Vorteile kohärente Maßsysteme haben, und daß es sich lohnt, dafür vorübergehende Umstellungsschwierigkeiten in Kauf zu nehmen.

Literatur

[1] *H.-G. Beckerle:* Höhere Genauigkeit bei Computersimulation von Bewegungsvorgängen. - MNU 33 (1980) 358.

[2] *A. Brauner / G.-J. Hitz:* BASIC für Schulen. - Schriftenreihe Informatik, Aulis Verlag, Köln 1979.

[3] *J. Bruhn:* Kleincomputer im Physikunterricht - Beispiele für den Einsatz eines programmierbaren Tischrechners. - MNU 28 (1975) 151 - 157.

[4] *H. Dittmann:* Experimente zur statistischen Physik mit einem Kleincomputer. - PhuD 6 (1978) 206 - 214.

[5] *H. Dittmann:* Taschenrechner als Wellenmaschine. - PhuD 7 (1979) 24 - 36.

[6] *M.-U. Farber:* Der Taschenrechner in Unterricht und Praxis. Schriftenreihe Informatik, Aulis Verlag, Köln 1979.

[7] *P. Grabenstein:* Zur Behandlung der Poisson-Verteilung. - MNU 31 (1978) 147 - 149.

[8] *K. Hacker:* Berechnung von Bewegungsabläufen mit Hilfe eines Kleincomputers. - PhuD 5 (1977) 183 - 198.

[9] *R. Hermann:* Berechnung der Intensitätsverteilung bei der Beugung am Spalt mit einem Tischrechner. MNU 27 (1974) 46 - 47.

[10] *H. Hille:* Computer als Werkzeug des Schülers - Beispiel: Mechanik-Kurs in der gymnasialen Oberstufe. - MNU 32 (1979) 344 - 351.

[11] *E. John:* Simulation im Physik-Unterricht mit Hilfe eines Tischrechners. - MNU 28 (1975) 106 - 110.

[12] *K. Keidel:* Computergestützter Physikunterricht. - PhuD 1 (1973) 165 - 183.

[13] *R. Kunze:* Rechenprogramme für den Physikunterricht. Schriftenreihe Informatik, Aulis Verlag, Köln 1982.

[14] *M.-T. Mehr / F.J. Mehr:* Numerische Lösung der Schrödinger-Gleichung. - MNU 31 (1978) 385 - 394.

[15] *F.J. Mehr:* Beispiele für den Einsatz programmierbarer Taschenrechner im Physikunterricht der Sekundarstufe II. - MNU 32 (1979) 151 - 161.

[16] *J. Reimers:* Einsatz programmierbarer Taschenrechner im Physikunterricht. PRAXIS/Physik 28 (1979) 57 - 66.

[17] *R. Rüetschi:* Elektronische Tischrechner im Physikunterricht. - PhuD 1 (1973) 3 - 20.

[18] *H. Schmidt:* Kleincomputer im physikalischen Unterricht. - Jahrbuch der Schulphysik Bd. 2, Aulis Verlag, Köln 1975

[19] *U. Uffrecht:* Die Kettenlinie. Beispiel für den Einsatz elektronischer Taschenrechner im Unterricht. - MNU 30 (1977) 275 - 278.

[20] *A. Werner / H. Schrader:* Lösen der Keplergleichung am Kleincomputer oder Terminal im Physik- und Mathematikunterricht. - MNU 29 (1976) 157 - 162.

Stichwortverzeichnis

Ablenkung im Magnetfeld 21
Adreßlabel 17
Approximation 31
Austrittsarbeit 32

BASIC 7, 41 ff
Beta-Strahlung 21
Beugung 56 ff, 81
Bildschirmgrafik 78
"Bordcomputer" 95
Brechungsgesetz 45

Dämpfung 76
Differentialgleichung 52, 62 ff
Doppelspalt 58, 60
Drehwaage 25
Drucker 10, 13 ff, 82 ff
DSZ-Funktion 39, 43

Eignungskriterien für Rechner 9
Einzelspalt 59, 81
Elektron im Magnetfeld 21
Elementarladung 37
Erdbeschleunigung 24
Extremwert 42

Fadenpendel 69
Fallversuche 24
Federpendel 69
*Fermat*sches Prinzip 44
Fluchtbewegung 75
Fotoeffekt 32
*Frensel*sches Zeigerdiagramm 56

Gasvolumen 19
Gauß-Verteilung 23
Genauigkeit numerischer Verfahren 64
Grafische Darstellung 78 ff
Grafik mit Drucker 82 ff
Gravitationskonstante 25

Halbwertszeit 34
Hall-Sonde 35
Harmonische Schwingung 69
Hierarchiestufe 18

Inhomogenes Gravitationsfeld 53
Integration, numerische 48 ff, 63 ff

Kalibrierung 35
Klammerebene 18
Kleincomputer 13, 41 ff
Kondensator 63

Label 17 ff
Learn-Mode 10
Lichtbeugung 56 ff
Lichtbrechung 44
Lichtreflexion 44
Logarithmische Darstellung 35
*Lorentz*kraft 21

Magnetfeld 21, 35
Magnetkarte 9
Maximalwert 42
Maßsystem 101
Mathematisches Pendel 69
Millikan-Versuch 37
Modes 10
"Mondlandung" 90

Normierung 58, 78
Numerische Integration 48 ff, 63 ff

Pendel 69
*Planck*sche Konstante 32
Planetenbewegung 72
Plotter 78
Programmiersprachen 13, 43
Programmiertechnik 17
Programmkopf 17
Programmverzweigung 10, 18

Radialsymmetrisches Feld 72
Radioaktiver Zerfall 34
Raketenbewegung 49, 88
RC-Glied 63
Reflexionsgesetz 44
Regression, lineare 31
Relativistische Rechnung 22
Rücksprungbefehl (RTN) 19

Satellitenbewegung 72
Schrödinger-Gleichung 68
Schwingungen 69 ff
Spezifische Wärmekapazität 20
Spiele 88 ff
Sprungadresse 18
Standardabweichung 23
Statistik 23 ff
*Stoke*sches Gesetz 37
Strichkarte 11
Subroutine-Technik 18

Taschenrechner 12
Terminal 15
Thermodrucker 12
Tischrechner 10

Unterprogramm 10, 18 ff

Varianz 23
Verfeinerte Grafik 80, 84
Versuchsauswertung 16 ff
Verzweigung 10, 18
Viskosität 38

Wärmekapazität 20
Wechselstrom 65
Wirkungsquantum 32
Wurfbewegung 42, 75
Wurfweite 42

Zahleneingabe 17
Zeigerdiagramm 57
Zerfallskonstante 34
Ziolkowski-Raketengleichung 49

PRAXIS-SCHRIFTENREIHE
Chemie

Die Komplexverbindungen
Von Prof. Dr. W. GLÖCKNER

Farbe, Farbstoff, Färben
Von OStR. Dr. A. JENETTE und
Prof. Dr. W. GLÖCKNER

Die Reaktionsgeschwindigkeit
Von StDir. H.-G. WINKLER

Grundlegende Versuche zur Atomistik
Von StDir. Dipl.-Chem. Dr. W. KERN

Quantitative chemische Versuche
Von OStR. H. LANGEHEINE

Demonstrationen zur Kunststoffchemie
Von StDir. R. FRANIK

Organische Chemie in Kurzversuchen
Von Gymn.-Prof. E. OTTO

Radiochemische Demonstrationsversuche
Von Dr. B. HEINRICH

Chemiefasern
Von Prof. Dr. G. ZENKER

Das Massenwirkungsgesetz
Von StDir. H.-G. WINKLER

Das Brot
Von RL. M. NÖDING und
OStR. S. NÖDING

Quantitative Versuche zur Organischen Chemie
Von StDir. J. HAHN

Chemische Stoffklassen
Von StDir. Dipl.-Chem. Dr. W. KERN

Molekülmassenbestimmung hochpolymerer Stoffe im Unterricht
Von Prof. Dr. E. A. BÜHLER

Biochemische Grundversuche
Von StDir. W. PILHOFER

Chemie und Technologie des Eisens
Von Dipl.-Chem. Dr. K.-H. KOCH

Die quantitative Elementaranalyse im forschenden Experimentalunterricht
Von Prof. Dr. H.-J. SCHMIDT,
Dr. D. FINKE, Ing. K. WORTMANN

Umweltschutz
Von OStR. W. WOLFF

Das Papier und seine Anwendungen
Von OStR. Dipl.-Ing. Dr. H. KÖRPERTH

Seifen und Waschmittel
Von Dr. H. ROESLER

Wasserkreislauf
Von OStR. W. WOLFF

Gas-Flüssig-Chromatographie im Chemie-Unterricht
Von Dr. E. WIEDERHOLT, R. ENGLER

Konservierung der Lebensmittel
Von OStR. Ing. Dr. H. KÖRPERTH

Meßverfahren im Chemie- und Biologieunterricht
Von Dr. W. JUNGBAUER

Kleine Geschichte der Chemie
Von Prof. G. SIMON

Chemische Energetik
Von StDir. Dipl.-Chem. W. WEBER

Differenzthermoanalyse im Chemieunterricht
Von Prof. Dr. E. WIEDERHOLT

**Moderne Analysenmethoden Teil 1
Elektroanalytische Methoden**
Von Dr. D. GÖTZ

**Moderne Analysenmethoden Teil 2
Spektroskopische Methoden**
Von Dr. W. CZIESLIK

Aulis Verlag Deubner & © KG

INFORMATIK

Einführung in die Informatik
Von StDir. Erich Lenk
Best.-Nr. 335-00274, Format DIN A5, 120 S., 36 Abb., kart.

Grundlagen der Datenverarbeitung
Von StDir. Erich Lenk
Best.-Nr. 335-00275, Format DIN A5, 128 S., 15 Abb., kart.

Binäre Funktionen
Von Akad. Dir. Heinrich Lunkenheimer
Best.-Nr. 335-00233, Format DIN A5, 76 S., 30 Abb., kart.

Sequentielle Logik
Von StDir. Karlheinz Albrecht
Best.-Nr. 335-00239, Format DIN A5, 85 S., 74 Abb., kart.

Problemlösung und Programmanalyse
Von StDir. Gerhard Müller
Best.-Nr. 335-00445, Format DIN A5, 124 S., kart.

BASIC für Schulen
Von StDir. Hermann A. Brauner und OStR. Günter-J. Hitz
Best.-Nr. 335-00446, Format DIN A5, 92 S., kart.

Wahrscheinlichkeit und Information
Von OStR. Armin Repp
Best.-Nr. 335-00447, Format DIN A5, 72 S., kart.

Der Taschenrechner in Unterricht und Praxis
Von OStR. Max-Ulrich Farber
Best.-Nr. 335-00448, Format DIN A5, 128 S., kart.

Rechenprogramme für den Physikunterricht
Von Dr. Reinhard Kunze
Best.-Nr. 335-00645, Format DIN A5, 124 S., 6 Abb., kart.

Mathematik-Programme in Basic
Von StR. Dieter Herrmann
Best.-Nr. 335-00652, Format DIN A5, 100 S., 17 Abb., kart.

Aulis Verlag Deubner & Co KG · Köln